JN301718

How English Works

英語
文章読本

阿部公彦

KENKYUSHA

Copyright © 2010 by Masahiko Abe

Chapter 1

"Cathedral" from *Cathedral* by Raymond Carver, copyright © 1981, 1982, 1983 by Raymond Carver. Used by permission of Alfred A. Knopf, a division of Random House, Inc.

Chapter 2

Excerpt by Frank O'Connor from "A Bachelor's Story" (© Frank O'Connor 1957) is reproduced by permission of PFD (www.pfd.co.uk) on behalf of The Estate of Frank O'Connor.

Chapter 3

Excerpt from *A Girl in Winter* by Philip Larkin.
Copyright © 1947 by Philip Larkin

Chapter 5

Excerpt from *The Golden Notebook* by Doris Lessing.
Copyright © 1962 by Doris Lessing. Copyright renewed © 1990 by Doris Lessing

Chapter 10

Excerpt from "The Magic Barrel" by Bernard Malamud.
Copyright © 1997 by Ann Malamud
English/Japanese bilingual anthology rights arranged with Russell & Volkening Inc., New York for and on behalf of the Author through Tuttle-Mori Agency, Inc., Tokyo.

まえがき

　この本は二人の読者のために書きました。
　ひとりを夢子、もうひとりをヒゲ太といいます。
　夢子は英語が好き。学校の英語の点数はふつうですが、英会話にも興味があるし、新しい表現を覚えていくのも楽しいようです。英語圏に住んでみたいとも思っている。そんな女子です。まあ、夢子についてはそれほど説明の必要はないでしょう。
　問題なのは、ヒゲ太の方です。
　ヒゲ太は学校での授業に、恨み辛みがありました。一番気に入らなかったのが、国語の教科書にあった「文学作品を味わいましょう」とか「表現の豊かさを読み取りましょう」といった解説でした。「けっ」とヒゲ太は思ったものです。「味わう」とか「豊かさ」とかもっともらしいことを言うけど、何を、どう、味わえばいいのかいっこうにわからない。先生に言っても、「とにかく自分に正直になって読むのよ」とちんぷんかんぷんなことを言われるだけです。だいたい教科書に載っている太宰治の「富嶽百景」なんて、書いてる人はいかがわしいし、文章もふざけているように見えるのに、「豊かさを味わえ」とか言われてもなあ、とヒゲ太はずっと疑念を抱いてきました。
　大学に入ってもあまり変わりません。外国語の授業で文学作品を読んだりすると、先生は「ここがいいんだよねえ～」とテキストの一部分を指して嬉しそうに言う。でも、どう「いい」のか、いまひとつピンと来ないのです。そもそもこっちが「いい」と思っていないものを、勝手に「いい」と決めつけられても困る。

そのうちにヒゲ太は「文学」と名の付くあらゆるものが嫌いになってきました。文章の美しさ、なんて言われるだけで苛々します。インチキだ、という気がします。ブランド物のハンドバックなんかと同じで、価値なんか決められないものに適当に高い値段をつけ、うまいこと評判をつり上げているだけじゃないか。

　ヒゲ太と話がしたい、私はそう思ったのです。説得できるという確信はありません。でも、それほどインチキじゃないよ、と言いたい。そして、「かもね」くらいはヒゲ太に言わせてみたい。

　やり方はいろいろあるでしょうが、この本では、日本に昔からある入門書のスタイルを取ってみました。「文章読本」というものです。心がけたのは、実際に文章を手に取ること。読者に文章のいじり心地を感じてもらいながら、「ほら、こんなふうになってるでしょ？」と確かめたい。そういう場としては、このスタイルは好都合です。「文章読本」には作文の指南書という役割もあるのですが、それよりも説明用にいろんな書き手の文章が陳列してあり、一種のアンソロジー（名文選）となっているところがいい。文章いじりには最適でしょう。

　この本で扱うのは英語の文章ですが、大丈夫。この方がヒゲ太には向いていると私は思います。外国語を通して考えると、ふだん密着している日本語からちょっと距離を置くことができる。ああ、文章ってこんな"味"がするんだ——そういう新鮮な出遭いを体験するためには、日本語を外国語として読んでみるのが一番です。

　そんなわけでヒゲ太とならんで腰を下ろすと、いつの間にか

人なつっこい夢子も加わっていました。もちろんどうぞ。なにしろ手でほぐすのだから、何が出てくるかわかりません。文法を勉強しただけでは見えてこない英語の秘密だってのぞけるし、夢子が将来、英語を読んだり、書いたり、しゃべったりするときにも、ちょっとは役立つかもしれないさ。

　というわけで、最後にこの本の効能をシラバス風にまとめておきましょう。

1　"英語らしさ"を知る。
2　英語の文章の読み所を見つける。
3　文学作品との接し方を体験する。
4　表現とは何か、について考える。

目 次

まえがき iii

chapter 1 | 出だし ① 1
——レイモンド・カーヴァー「大聖堂」

chapter 2 | 出だし ② 17
——フランク・オコナー「ある独身男のお話」

chapter 3 | 小さく言う 33
——フィリップ・ラーキン『冬の少女』

chapter 4 | 強さ 49
——ジョージ・エリオット『ダニエル・デロンダ』

chapter 5 | スピード 65
——ドリス・レッシング『黄金のノート』

chapter 6 | カッコ 81
——エリザベス・ギャスケル『クランフォード』

chapter 7 | **イタリック体** 97
　　　　　——ヘンリー・ジェイムズ『黄金の杯』

chapter 8 | **眠さ** 115
　　　　　——ヴァージニア・ウルフ『灯台へ』

chapter 9 | **まじめさ** 131
　　　　　——ウィラ・キャザー『私のアントニア』

chapter 10 | **箇条書き** 149
　　　　　——バーナード・マラマッド「魔法の樽」

chapter 11 | **no sooner . . . than 構文** 167
　　　　　——ヘンリー・フィールディング『トム・ジョーンズ』

chapter 12 | **美しさ** 187
　　　　　——メアリー・シェリー『フランケンシュタイン』

文献 205

あとがき 211

chapter 1

出だし ①
——レイモンド・カーヴァー「大聖堂」

あらゆる出だしは苦しい

　文章を書くときの苦労といえば、すぐ思い浮かぶのは「書き出し」です。出だしには誰もが苦しみます。出だしとははじめの一歩ですが、それは単なるワン・オブ・ザ・ステップスではありません。たとえば、昔ながらのマニュアル車を想像してください。市街地で走るときの標準的なギアは三速くらいですが、三速に入れたまま発進しようとすれば、まずはエンストしてしまうでしょう。ギアを一速か二速まで下げて、発進の重みに耐える用意をしなければ、車体は動きません。まさに産みの苦しみ。停止という無から運動が生み出されるには、生と死の境目をジャンプして越えるほどの飛躍的な何かが必要なのです。

　人間関係においても同じではないでしょうか。人と人とが知り合い、関係を組み立てていく過程は、運動と似ています。やはり出だしは難しい。だから出だしにはいろいろと定型があるのです。挨拶、自己紹介、恋の告白、お見合い、いずれも出だしという困難を乗り越えるために用意された、便利な道具です。人間文化の多くのエネルギーは、「出だし」をめぐって費やされてきたと言っても過言ではないかもしれません。

　文章というのはとりあえず「もの」ですが、そこにも読み手やら書き手やら語り手やらといった、人間関係的なものがからんできます。文章の出だしには、人と人とが挨拶をしたり、お見合いをしたり、恋の告白をしたりするのにも似た、新たな運動に向けた飛躍が必要となるのです。私たちが手紙を書き出そうとするときに感ずる緊張感はもちろん対人的なものですが、そうでなくても、たとえば報告書や論文の出だしがうまくいかなくてうんうん唸るときにも、人と面と向かったり、誰かに見

出だし ① ——レイモンド・カーヴァー「大聖堂」

られたりしているような、ちょっと恐ろしいような気分がそこはかとなく漂っているはずです。

　出だしというのは、私たちの文章を書くときの緊張感が過剰なほどに出るところなのです。過剰なほどに、というのは、実際にそれが過剰なときもあるということです。そんなに緊張しない方がうまくいく。こわばりすぎた自己紹介の後では、かえって友達をつくるのが難しい。でも、なかなかうまくはいきません。私たちは出だしには実に気を遣う。そこだけは完璧にしようと思う。だから多くの場合、他の部分にも増して、「ぜったい、こうでなければならないのだ！」とでもいう、一張羅をまとうようながんじがらめの状態に陥るのです。

　日本語話者の場合、とくにこのがんじがらめの感覚にとらわれやすいのかもしれません。だからこそ、それをうまくやりすごすために、手紙などでは定型的な出だしが発達しているのです。用件ひとつ伝えるのにも、「薫風香る季節となりました……」などとはじめ、「さて……」とか「この度お便り差し上げますのは……」という風におもむろに話を展開するという習慣がある。

　こうした習慣のゆえにこそ、多くの日本人英語学習者がまず戸惑うのは、英語で手紙などを書くときの始め方です。英語にももちろん宛名の記し方などについては決まりはありますし、出だしにも I hope this letter finds you well.（お元気でおすごしかと思います）などの定型文句はありますが、日本語の場合のように「おもむろさ」を一律にお任せできるしっかりした規範があるわけではありません。何より、英語の手紙というのはたいへん話が早い。これは数百年という単位で見てもあまり変

化がないようです。たとえば以下にあげるのは17世紀にイギリスで出版され、非常に大きな影響力をもった手紙の書き方の教本 *The Secretary in Fashion* からの引用です。例文は「苦情の手紙」の模範例としてあげられているもので、悪口に対して苦情を言う、という設定です。

Sir,

I understand that when you have nothing else to do, you take upon you to back-bite a Person very near allyed unto me. 'Tis the worst Trade and most dangerous that you can imploy your self in: but if your wine be the cause of these extravagancies, I advise you to mingle it with water as soon as you can, otherwise I shall be constrain'd to force you to such a long silence, that no man shall ever hear you speak hereafter.

拝啓
私の知るところによると、貴方は、暇さえあれば私がたいへん懇意にしている人物の陰口をたたいて喜んでおられるとのこと。よりによってそんなことに明け暮れるとは最悪だし、危険きわまりないです。もし酔いにまかせてのことだというなら、ただちに酒を水ででも薄めてお飲みになるようにすることです。さもなくば私としては、今後、貴方が二度と口がきけなくなるように、力ずくでも長い沈黙にお導きせざるを得ません。

さっと話題を始め、あっという間に「こんどやったら、ただ、じゃすまないからな!」という本旨をきちんと突きつける。この教本の導入部でも言われているのですが、手紙は短く簡潔でなければならないというマナーが当時から共有されていたようで、まさにそれを実践する書き方になっています。著者は

出だし ① ——レイモンド・カーヴァー「大聖堂」

Puget de la Serre というフランス人で、原文もフランス語なのですが、当時の英語の教本の多くは大陸から輸入されたものでしたから、本書も英語文章マニュアルの起源のひとつと見て差し支えないと思います。その証拠に、300年以上たった現在出版されているようなふつうの手紙の例文集でも、話が早い点は共通しています。

Dear Mr Clark,
I wonder if you could possibly ask your children to be a little more careful when roller-skating along the pavement. On several occasions in the past few weeks they have almost knocked down either my wife or myself.
(*Warne's Complete Letter Writer*)

クラーク様
すみませんが、お宅のお子さんが歩道でローラースケートをするときには、もう少し気をつけるように言ってもらえないでしょうか。この数週間の間に、妻も私も何度も突き飛ばされそうになりました。

日本語だったら、こんなに単刀直入なはじめ方をしたら角が立つと思いそうなところです。でも、そもそも「角が立つ」のも、角は丸くせねばならないというルールがあり、期待値があるからとも言えるでしょう。

出だしとぎこちなさ

手紙については別の章でまた詳しく扱う予定ですので、この章では出だしそのものに的をしぼり、小説の冒頭部について考えてみたいと思います。小説作品というのは、それを読むことが義務ではないような不特定多数の、いわば初対面の読者に読

んでもらおうとするわけですから、まずは出だしで興味を持ってもらわなければアウトです。単なる自己紹介ではなく、上手な売りこみが必要となる。でもその一方で、読者に媚びるような売り込み方は、あつかましい営業マンが嫌われるのと一緒で、かえって逆効果になるかもしれません。そのあたりはどう処理されるのか。英語文化の背景に、「おもむろさ」にこだわりつづけてきた私たちとは別種の伝統があるのだとすると、いろいろ気になる点が出てくるはずです。

　以下にあげるのはレイモンド・カーヴァーの短篇「大聖堂」の出だしです。ここを引くのは、単に上手だからというわけではありません。この一節には、出だしの元々持っている困難さや不思議さや、さらには可能性などが、きわめて英語文化的な伝統を反映した形で表れていると思えるのです。

　This blind man, an old friend of my wife's, he was on his way to spend the night. His wife had died. So he was visiting the dead wife's relatives in Connecticut. He called my wife from his in-laws'. Arrangements were made. He would come by train, a five-hour trip, and my wife would meet him at the station. She hadn't seen him since she worked for him one summer in Seattle ten years ago. But she and the blind man had kept in touch. They made tapes and mailed them back and forth. I wasn't enthusiastic about his visit. He was no one I knew. And his being blind bothered me. My idea of blindness came from the movies. In the movies, the blind moved slowly and never laughed. Sometimes they were led by seeing-eye dogs. A blind man in my house was not something I looked forward to. (209)

出だし ① ——レイモンド・カーヴァー「大聖堂」

　盲人は、妻の昔からの友人で、うちに泊まりに来ることになっていた。彼は奥さんに死なれたところだった。それでコネティカットの奥さんの親類を訪ねていた。その親類のところから、妻に電話をかけてよこしたのだった。予定が立てられた。列車を使って、五時間かけてきて、駅には妻が迎えに行く。妻が彼に会うのは、十年前の夏にシアトルで、彼の元で仕事をして以来である。ただ、連絡は取っていた。テープに声を吹き込み、郵便で送り合っていたのだ。私は彼の来訪を歓迎する気にはなれなかった。私にとっては、まるきり知らない人物である。目が見えないというのも気になった。目が見えない人というと、よく映画に出てくる。映画では盲人は動きがゆっくりで、決して笑わない。盲導犬に手をひかれていたりする。家に盲人が来るというのは、あまり楽しそうなことではなかった。

....

どうでしょう。いくつかの特徴が目につきますね。まず冒頭が This blind man で始まっている点。この文、実はちょっと変わっているのです。構文上の中心となるのは、主語動詞のはっきりする he was on his way . . . というところです。でもそうした主述関係が明らかになる前に、つまり読者としてはこの文をどう読んでいいのか見当がつかないうちに、いきなり This blind man とか an old friend of my wife's といった同格が連なって、それからやっと he was という部分に到達するという仕組みになっています。いくら英語の文章に単刀直入の伝統があると言っても、これはこちらを少し不安にさせるような、乱暴な出だしだと言えないでしょうか。

　なぜこんな出だしになっているのか。今、乱暴だと言いましたが、その乱暴さは「性急さ」と言い換えてもいいような種類の、つまり物事の順番をめぐる荒っぽさかもしれません。何と言っても出だしなのですから、そこで前提となっているのは「誰

も何もわかっていない」ということです。語り手と聞き手の間には、あるいは書き手と読者の間には、まだ何も共有された地盤というものがない。

ところがここではいきなりThisで話がはじまる。語り手が最初から自分中心の眼差しを押しつけてくるのです。もちろん英語では、このようにしてthisを使ってはじめて登場する人物を紹介するという方法がとられることはあります。会話などで、「こういう奴がいてさあ〜」みたいなニュアンスで、ちょっと生々しさを押しつけるような言い方で使われるのです。ひとつ例を引いてみましょう。

I was walking along the street when this girl came up to me . . . (『リーダーズ英和辞典』第2版)

道を歩いていると、女の子がわたしに近づいて来た……

この場合、thisは、意味としては不定冠詞のaと同じようなもので、ただ、強調の度合いが強い。しかし、強調というのは、弱い部分があってはじめて効果的になるものです。まだ語り手も、状況も、ストーリーもわからない出会い頭の一語目をいきなりこうしたthisからはじめても、メリハリをつけるという意味での強調にはつながらないのではないか。むしろ、どこを強調したいのかがわからなくなるような気もする。

これに対するひとつの解答は、「語り手が強調しようとしているものと、小説が強調しようとしているものが違う」というものです。語り手はthis blind manというフレーズを冒頭に持ってきて、性急なほどblindnessに焦点をあてようとしている。

出だし ① ──レイモンド・カーヴァー「大聖堂」

そして「あ、この人、うちの女房の友達でね」と遅れて付け加え、その後でやっとその盲人について何が言いたいかを述べる。これに対し小説が試みているのは、こうして慌てて blindness を強調しようとしている語り手そのものを強調することなのかもしれません。blindness を強調しようとする語り手の性急さが必ずしも焦点化につながらず、逆にややぎくしゃくした頭でっかちの構文を生み出す一方、小説としては、そうやって「blindness を強調しようとする語り手」そのものを目立たせるところがポイントだというわけです。

このことを頭に入れて読み進めると、そのあとに続く文に共通した特徴があることが気になってくるでしょう。このパラグラフは全般に文の構造が平易なのですが、とくに His wife had died. や、Arrangements were made. や、He was no one I knew. などのような、ごく短い文が一定の割合で出てくるのが目につきます。語り手による冒頭の性急な話題の切り出しの後ですから、こうした短さもまた、性急さの延長線上で読むことができそうです。どうやらこの短さは、語り手の思考や性格の傾向を体現しているようなのです。

それはどんなものか。まずこの人、あまり接続詞を使わない。論理的な筋道をつけて物事を理解しようとするのではなく、「〜だ」、「〜だ」という風に短い断定ばかりがつらなっていく。この辺、冒頭の慌てた感じとも通じるでしょう。何となくつっけんどんで、じっくり考えるよりも、とりあえず言葉にしてしまう。物事を印象でとらえる。感情的になりやすい。

ただ、それでは語り手の言葉には論理がないかというと、そうでもない。たとえば I wasn't enthusiastic about his visit.

He was no one I knew. というところは、I wasn't enthusiastic about his visit, for he was no one I knew. としたっていいような、明示されてはいないけれど明確なつながりがあります。My idea of blindness came from the movies. In the movies, the blind moved slowly and never laughed. というところも、My idea of blindness came from the movies, where the blind moved slowly and never laughed. と言い換えられそうです。後の文はちゃんと前の文の説明になっており、決して論理的なつながりがないわけではない。

　そうすると語り手の短文の使い方に表れているのは、語り手が論理的で・は・な・いということではなく、単に語り手が論理的には見・え・な・いということかもしれません。一般論として言うと、語り手の中には but, yet, although といった接続詞や nevertheless, therefore のような副詞など、話の流れを明示するたぐいの語を多用する人がいます。いかにも自分は論理的なのだ、と見せつけるかのようです。これとは対照的にこの「大聖堂」の語り手は、それなりに論理的であるにもかかわらず、論理的には見えないように振る舞っているのではないか。

　なぜそんなことをするのでしょう。いや問題は、実はそんなことをしているわけではないということかもしれません。つまり、わざわざそ・う・し・て・い・るわけではなく、たまたまそ・う・な・っ・て・い・る・だけなのかもしれないのです。論理の道筋を明確にするのは、自分がわかっていることを相手にもわからせるため、つまり説得のためです。だから論理は相手に理解させようという意志とセットになることが多く、論理性を前面に押し出す文章というのは、それだけ相手に読まれたい、相手に働きかけたい、

出だし ①——レイモンド・カーヴァー「大聖堂」

相手に理解されたい、といった野心が強烈に露出しているのだとも言える。

これに対し、「大聖堂」の語り手にはそういう野心があまりないのではないかと思えるのです。相手にわかられようとしてはいないのです。むしろ内向きの、独り言のような語りといったらいいでしょうか。そして独り言だから、ふつうなら言わないようなことでも、わりに正直に言ってしまう。And his being blind bothered me. My idea of blindness came from the movies. などというところはまさにそうです。いわゆる propriety ということを考えれば、「盲人はどうもなあ」というのは、人前では言うべきことではありません。でも心の中で、無意識の中で、そういう思いが心をよぎってしまうことはあるかもしれない。この語りは、そういう思いを口に出すことを許すのです。

独り言らしさというのはこの語り手の性格を考える上でも重要です。He was no one I knew. And his being blind bothered me. といったところからわかるように、この人は知らないものやわからないものに対して拒絶反応を示します。論理的に相手に働きかけようという意志がほとんど見えないのは、そもそも言葉の力を通して未知のものを知ったり、逆に相手にとっての未知としての自分を、何とかして向こう側に伝えようといった飛躍への衝動がほとんどないからでしょう。独り言というのは、言葉の怠慢です。相手にわかられようという努力なしに、ただ言葉を連ねているだけなのです。少なくとも、この冒頭部分からはそういう印象を受ける。

ここで、はたと気づくことがあります。この語り手の飛躍へ

の意志の欠如は、まさに私たちが先ほど考えた「出だし」の問題とつながってくるのではないか、ということです。「出だし」は飛躍への渇望なしには決して成就されないものです。言葉を始められないという、ある意味で人間にとって原型的な苦しみは、私たちがいつも「今自分がそうではないところの何か」になれるかどうかで、勝負を挑まれているということを示唆します。そしてそういう意味では「大聖堂」の語り手は、言葉こそ連ねているものの、この「出だし」の部分ではまだ、何も始めていないのではないかと思えてくる。自分を論理的に、レトリカルに、よそ行きに見せることに無頓着な語り手の姿を通して見えるのは、まだ言葉とプライベートなレベルでしかつきあってないという態度です。言葉は外に向けては発信されず、未知と既知との間の回路は閉じたままになっている。この小説はこの段階では、まだ始まっていないのかなとさえ思える。

「大聖堂」のほんとうの出だし

むろん小説はたしかに始まっています。しかし、何かがまだ始まっていない。ここが小説とその他の文章との違いなのかもしれません。少しレトリカルな言い方をさせていただけば、小説というのは、ただ始まっただけでは始まることはできない、ましてや終わることはできないのです。つまりこうして始まっても、もうひとつ何かが起動しないと、小説世界は本格的には始まらない。

「大聖堂」のストーリーは単純です。冒頭で紹介された目の見えないロバートという人物が、語り手とその妻の家を訪ねてくる。そこで語り手ははじめて盲人というものに接する。文字通

出だし ① ——レイモンド・カーヴァー「大聖堂」

り手を触れるのです。出来事としてはそれだけ。でも、実際の出来事の裏にいくつかのサブナラティヴのようなものがはりめぐらされています。いずれも妻の過去に関わるものです。かつて彼女は、幼なじみの軍人と結婚したものの、相次ぐ転居を強いられる生活に耐えられず、ついに精神に失調をきたして自殺をはかったことがあります。幸い命は取り留めるのですが、結婚はそれで破綻しました。ロバートとの交流は、その前後に起きています。これは恋愛未満とでもいうべき淡い経験でしたが、語り手は明らかに彼女のその過去に嫉妬し、いまだにふたりが交友関係を保っていることを何となくおもしろくなく思っている。彼がblindnessという「未知」を頑なに拒絶しようとする背景には、そうした感情的なこだわりが読めるのです。

　ところでストーリーは単純だと言いましたが、語りのレベルでいうと、この小説には途中で大きな変化が見られます。冒頭の語り手の調子についてはすでに確認しましたが、この語り口が途中から変わるのです。ロバートを家に招いて夕食をとり、一服し、疲れた妻が先に寝間着に着替えるあたり。語り手はロバートにカナビスを勧めます。ソフトドラッグですが、タバコを勧めるのとはちょっとわけがちがう。ロバートは勧めに乗る。

　このあたりから、語り手の言葉が内向きであることをやめるのです。語り手は、先ほど確認したような性急な饒舌さをなくし、もっと寡黙になる。寡黙になって、じっと外の世界に目を凝らす。自分の気持ちにばかり取り憑かれていた語り手が、外向きの視線を得るのです。やがて、この視線は、テレビに映し出される大聖堂の映像をとらえることになります。語り手が固唾を呑むようにしてその映像を追う「目」はたいへん印象的です。

> The TV showed this one cathedral.　Then there was a long, slow look at another one.　Finally, the picture switched to the famous one in Paris, with its flying buttresses and its spires reaching up to the clouds.　The camera pulled away to show the whole of the cathedral rising above the skyline. (223)
>
> テレビに映ったのは、ある大聖堂だった。それからカメラは、遠くからゆっくり別の大聖堂をとらえる。最後は、パリの有名な大聖堂へと画面が替わった。飛び梁や雲を貫こうかという尖塔が見えていた。カメラが引くと、大聖堂の全体が街の稜線からそびえ立つのが見えた。

ここでも語り手はthis one cathedralという言い方をしていますが、冒頭でThis blind manと言った、あの性急さはもうありません。何かが変わったのです。Then, Finallyといった語を用いることによる、穏やかで秩序立った語り口が、文章をたいへん落ち着きのあるものにしています。こういう雰囲気の中、語り手はblindnessという未知への回路を開くことになる。彼はロバートに自分の手を触らせ、画面に映った大聖堂の様子を伝えるのです。

「大聖堂」という小説の今ひとつの出だしはここにあると言えるでしょう。一般にはこういう部分を「展開部」と呼んだりするのかもしれませんが、冒頭で始まりきらなかった何かが、ここではじめて始まったとも言える。このような短篇の場合、出だしに作品中で解決されるべき葛藤がそれとわかる形で埋めこまれていることが多いのですが、この小説でも、語り手の出だしのぎこちなさが解決・解消されるプロセスを通して、作品の

ほんとうの始まりと終わりとが表現されているようです。そういう意味では「大聖堂」の冒頭部は、いかに始まらないことで始まるか、そしてそのことによっていかに語りの始まりではなく小説のはじまりを後に用意するか、という技を堪能させてくれる作りになっていると思われるのです。この作品の収められた短篇集『大聖堂』には他にも類似した出だしの作品があり、作家がこうした点に意識的だったこともうかがえます。

　この章で取りあげた「大聖堂」は、ある意味では真似のしにくい出だしでした。カーヴァー独自の技というか、才能の光る作品と言ってもいいでしょう。しかし、英語の小説には、これとは対照的に、もう少し真似のしやすいパタンを用いた出だしもあります。次章ではそうした例を取り上げてみましょう。

レイモンド・カーヴァー（1938-88）

アメリカの小説家・詩人。下層中産階級の日常における悲哀や喪失感を簡潔な筆致で鋭く切り取り、「ミニマリズム」や「Kマート・リアリズム」と呼ばれる傾向を代表する作家と目された。著書に短篇集『頼むから静かにしてくれ』(1976)、『愛について語るときに我々の語ること』(1981)、『大聖堂』(1983)、詩集『水と水が出会うところ』(1985)、『ウルトラマリン』(1986)、短篇・詩・エッセイを集めた作品集『ファイアズ』(1983)など。

0000225883-016 : © Sophie Bassouls/Sygma/Corbis/amanaimages

chapter 2

出だし ②
——フランク・オコナー「ある独身男のお話」

個性的にならないための文章

　前章ではレイモンド・カーヴァー「大聖堂」の冒頭部を取り上げ、英語小説の出だしにみられる「性急さ」の仕組みについて考えました。文章の出だしが抱える困難をいわば逆用し、ぎこちなさとして露出させる、そんなやり方が見てとれたかと思います。

　もちろん、こうした手法はカーヴァーの専売特許ではありません。とくに限られた枚数の中で効果的に話を展開する必要のある短篇小説のジャンルでは、しばしば不意打ちめいた唐突な出だしが好んで用いられます。ただ、いくらジャンルにつきものだと言っても、そこである種のニュアンスが刻印されるということは見逃せないでしょう。ぎこちなさを武器にした出だしには、「独特さ」を誇示するかのような態度がつきまとうのです。それは中心人物の非常識さであったり、出来事の異常さであったり、あるいは小説家の物語とのかかわり方の珍しさであったりもする、いずれにしても、文章の出だしの引っかかりや違和感を通して、個性、もしくは「個性的であること」を前面に立てるような構えが作られています。カーヴァーにもそういうところがありました。

　これに対し、個性的であることをむしろ抑制したり、隠蔽したりする出だしもあります。むしろ個性的でないことを出発点にするような作品。この章ではそういう例について考えてみましょう。取り上げるのは、アイルランドの短篇作家フランク・オコナーの「ある独身男のお話」（'A Bachelor's Story'）の冒頭部です。まずは出だしの一文だけ見てみましょう。

出だし ②──フランク・オコナー「ある独身男のお話」

Every old bachelor has a love story in him if only you can get at it.

年取った独身男なら必ず、つつけば恋物語のひとつくらいは出てくるものである。

「個性」とは対照的な文で話が始まっています。Every old bachelor . . . というのですから、どんな独身男についても言えるような常識が語られる。似たような出だしとしてすぐ思い浮かぶのはジェーン・オースティンの『高慢と偏見』の冒頭でしょう。

It is a truth universally acknowledged, that a single man in possession of a good fortune, must be in want of a wife.

誰もがその通りと肯うことがある。独身で立派な財産のある人に必要なのは、あとはお嫁さんだということである。

どちらも主語に every や不定冠詞などがついたりして、一般論として差し出されています。truth などという言葉もあり、個性よりも普遍性が重視されている。内容も、まあ、わかる。

　まず考えてみたいのは、これらの文が個性を排した一般論を語るにあたって、何か形の上での特徴を備えているかということです。つまり、一般論をより一般論らしく見せるような構えというのはあるのでしょうか。

　ひとつ気づくのは、どちらも一文の中に主語・動詞という節がふたつあるということです。主節に対し、オコナーの方は if

節がある。オースティンの方は、It を受ける that 節がある。英語の構文としてはまったく基本的なものですが、どうも文に節がふたつあることと、一般論らしいということとは関係がありそうな気がするのです。

　文が複層構造になると、どうなるか。家であれば、平屋が二階建てになるようなものです。何となく奥行きというか、深みというか、複雑さというか、「もっとある」という感じをかきたてます。と同時に、その「もっと」が、たくさんすぎもしない。三つとか、四つではなく、あくまでふたつ。おかげで、少したくさんだけど、整理されてもいるという感じがします。いたずらに複雑なのではなく、複雑でありなお整理されているということです。

　一般論をわざわざ言うという態度の背後にあるのは、この「それでも整理されている」という感覚ではないでしょうか。世の中にはいろいろごちゃごちゃした個性とか、例外とか、不可解な謎などが満ちあふれているけれど、それを今、二層くらいにきれいに整理して言ったぞ、という達成感のようなものです。支配感のようなもの。あるいは、複雑なものを単純化できたという賢さのジェスチャー。頭いいぞ、のような。

　では、ここで言われていることはほんとうに正しいのでしょうか。ほんとうに、どんな独身男でも必ず密かな恋愛経験があるなどと言えるのか。金持ちの独身男は、妻にするべき女性を探し始めるものなのか。しかし、これらが正しいのかどうかを内容的に吟味させる前に、すでに言葉は「正しさの構え」のようなものをまとってしまっています。全体を「二の原理」がまとめ、均衡美が生まれていることもそうですし、is とか has と

出だし ②──フランク・オコナー「ある独身男のお話」

いった、動きというよりも状態を表す動詞が中心にあることも、安定感に結びつきます。別の言い方をすると、ここでの「それでも整理されている」という感覚には、こちらを騙すような、嘘かもしれないのにうまくまるめこむような、詐欺めいた口のうまさも織り込まれているのです。

では、このような一般論から小説を始めることの効果はどのようなものでしょう。まず言えそうなのは、ぎこちなさを武器にする作品とはちがって、小説の間口が広くなるということです。「大聖堂」にあったような引っかかりや違和感はなく、「あれ？」とは思わされない。行儀がいいというか、愛想がいいというか、言葉に抵抗感がないから、こちらもごく自然に入っていけるのです。あまりになめらかに整理されており、まるで小説ではないような気さえする。ここだけ読むと、果たしてエッセーなのか、小説なのか、伝記なのか、あるいは批評や人生指南の書なのか、区別がつかないくらいです。

この「まるで小説ではないような気さえする」という感覚にちょっとこだわってみましょう。図書館や書店の棚にならぶ小説の出だしを片っ端からめくってみればわかるように、オースティンのような有名な例がある一方で、一般論ではじまる小説というのは全体の中ではむしろ少数派です。私たちが「まるで小説ではない……」と思うのも、「小説とは一般論ではないはずだ」という予想が内在化されているためでしょう。小説とは一般論ではなく、個別論。抽象的ではなく、具体的。人類全体についてというよりは、特定の個人をめぐる語り。

それだけではありません。この「一般論ではないはずだ」という考えの延長線上にありそうなのが、「小説とは読みにくいも

のだ」という感覚であるような気もします。そう簡単に入っていけるわけがない。もっとこちらを押し返すような、容易に足を踏み入れられないような、ゴツゴツしたもの。狭いもの。見知らぬもの。一般論には、「誰が読んでもそうだよね」という汎用性が必須です。誰にとっても自分のことだと思えるものでなければならない。だからやさしい。これに対し、小説というのは自分のことではない。あくまで他者のもの。自分のこととしてはわかってしまえないはずのもの。重すぎたり、硬すぎたり、サイズが合わなかったりするもの。

小説の根本的な「読みにくさ」

このあたり、あまり深入りすると「小説とは何か？」とか「リアリズムとは何か？」といった壮大な問題に突き進んでしまうので注意が必要ですが、ひとつだけ参考になりそうなコメントを引いておきましょう。以下にあげるのは、もともと1804年の『エディンバラ・レビュー』に載ったフランシス・ジェフリーという人の文章で、小説家サミュエル・リチャードソンの作法が他の作家達とどう違うかを説明したものです。

Other writers avoid all details that are not necessary or impressive. . . . The consequence is, that we are only acquainted with their characters in their dress of ceremony, and that, as we never see them except in those critical circumstances, and those moments of strong emotion, which are but of rare occurrence in real life, we are never deceived into any belief of their reality, and contemplate the whole as an exaggerated and dazzling

出だし ② ——フランク・オコナー「ある独身男のお話」

illusion. . . . With Richardson, we slip, invisible, into the domestic privacy of his characters, and hear and see every thing that is said and done among them, whether it be interesting or otherwise, and whether it gratify our curiosity or disappoint it. (Watt, 175)

他の作家たちは、話の都合上必要があるとか、それだけで読み甲斐があるといった細部以外は書こうとしないものである。(中略)そのため、我々読者は、登場人物たちが晴れ着で着飾っているときにしかお目にかからないということになる。また、我々が彼らを目にするのが、現実の生活ではめったにないような危機的な状況や強烈な感情のほとばしる瞬間においてだけということもあり、人物たちのリアリティを僅かなりとも信じ込まされることもなく、全体を大げさで目のくらむような幻と受け取ってしまう。(中略)ところがリチャードソンとなると、我々は姿を消して、彼のこしらえた登場人物たちの生活の内側にまでするっと入りこみ、おもしろいおもしろくないにかかわらず、あるいは我々の好奇心を満たす満たさないにかかわらず、彼らの間で口にされ行われるすべてのことを聞いたり見たりすることになる。

「我々読者は、登場人物たちが晴れ着で着飾っているときにしかお目にかからない」とか、「リチャードソンとなると、我々は姿を消して、彼のこしらえた登場人物たちの生活の内側にまでするっと入りこみ、(中略)彼らの間で口にされ行われるすべてのことを聞いたり見たりすることになる」といった言い方は、今日の洗練された用語に慣れた人にはあまりに素朴に聞こえるかもしれませんが、作品刊行からそれほどへていない時期に、こうした「実感」が通用していたという事実は軽視できないように思います。ましてやそれが、私たちが現在でもある程度共有している小説についての「常識」と重なるところがあるなら、

なおさら興味深い。

　リチャードソンの周辺から芽生えていた「常識」とは、小説が世界をお誂え向きに仕立てられた「完成品」として提示するのではなく、あくまで「個人的な体験」として差し出すものだという見方です。小説には「よそ行き」でない、プライベートな出来事が書かれている、だからそれは、違和感や不可解さを引き起こしやすい。ということは、カーヴァーのような出だしは、文章としてはある種の異常さを示し、ぎこちなさとか違和感といった「逸脱感」を伴うものでありながら、小説というジャンルの中で見たときにはむしろふつうというか、本流でさえあるのかもしれません。そしてこれとは逆に、一般論ではじまるなめらかなスタイルというのは、むしろ小説的ではないということになる。

　たとえば「大聖堂」のThis blind man, an old friend of my wife's, he was on his way to spend the night. という冒頭部を読んで、「いや、それは違う。彼はあなたの奥さんの友達ではない」などと言う人はいないでしょう。私たちはそこでは意見を求められてはいないのです。むしろ判断停止を要求される。そこが小説の「読みにくさ」にあたる部分なのです。何しろ書かれているのはあくまで「個人的な体験」なのですから、こちらもとりあえず判断停止しながら読み進め、受け入れなければならない。

　これに対し「ある独身男のお話」では、語り手は等身大の人間であり、私たちにとっても同じように正しいことを語っているように見える。語り手と私たちとはいつでも入れ替わることができそうなのです。しかし、ほんとうにそうでしょうか。ほ

出だし ②——フランク・オコナー「ある独身男のお話」

んとうに私たちはこの「個人的」ならぬパブリックな体験に参加することを許されているのか。甘い言葉には気をつけろと昔からいいますが、この語り手も一見やさしく見えて、すきはなさそうです。先にも触れたように、わかりやすい、すっきりした明晰な言葉というのは、それだけ語り手の揺るがない自信を示すとともに、何だかまるめこまれたような気分にさせる。語り手が読者より一枚上手の感じがする。何しろ向こうは、本来複雑なはずのものを単純化するくらいだから、こちらにとって複雑すぎてわからないからくりを、よく理解しているに違いないのです。しかも、その単純化の作業をこちらのためにやってやった、というような、かすかなおしつけがましさも感じられる。「どうだ、わかった？　これが真実だぞ」というようなニュアンスもある。

　こうした点から浮かび上がってくるのは、一見やさしく姿勢を低くしながらも、何かを説き聞かせるような、あるいはこちらの思考に侵入するような語り手という像です。語り手は単なる伝達者や視点ではなく、私たちの「考え」のプロセスにも入ってくるらしい。私たちは、語り手を自分の思考の外にシャットアウトすることもできないのです。なまじ解放性が演出されるために、私たちは語り手が自分の思考回路の中に入ってくるのを許すことになる。

英語的「散文精神」

　難しいのはその後です。ここで段落全体を見てみましょう。

Every old bachelor has a love story in him if only you can

get at it. This is usually not very easy because a bachelor is a man who does not lightly trust his neighbour, and by the time you can identify him as what he is, the cause of it all has been elevated into a morality, almost a divinity, something the old bachelor himself is afraid to look at for fear it might turn out to be stuffed. And woe betide you if he does confide in you, and you, by word or look, suggest that you do think it is stuffed, for that is how my own friendship with Archie Boland ended.

　年取った独身男なら必ず、つつけば恋物語のひとつくらいは出てくるものである。ただし、これは大抵の場合、容易なことではない。独身男というのは周りの人間を易々とは信用しないし、その人が独り者だとわかる頃には、独身であることの原因のすべてが徳、もしくはほとんど神聖なもののように祭り上げられていて、こうなると本人でさえその原因を直視するのがはばかられる。万が一、その原因とやらが何物でもない、などということになったら困るからだ。ましてやその人が事情を打ち明けたときに、口に出すにせよ、表情で示すにせよ、それが何物でもないとこちらが思っているなどと仄めかしでもしたら、たいへんである。何しろ、僕とアーチー・ボーランドの友情が終わったのはこのせいだったのだ。

さて、どうでしょう。カーヴァーの「大聖堂」を読んだときに、小説は始まるだけでは始まらないというポイントを確認しました。小説がほんとうに始まるためには、もうひとつ別の何かが始まる必要がある。別の言葉、それまでとはレベルの異なる、「ほんとうに大切なこと」を語る言葉が必要となる。が、出だしの言葉がナイスでやさしく落ち着いていると、別のレベルに移行するのは難しくなる。やさしい語りはあまりに多くを約束するからです。たとえば「この世界では酷いやり方で人が死んだ

出だし ②──フランク・オコナー「ある独身男のお話」

りはしません」とか。「この小説は、終始にこやかにわかりやすく進行しますよ」とか。しかし、この冒頭部ではまさにそれをやっている。

　なぜ、わざわざハードルを高くするような設定をするのでしょう。私たちが語りの「やさしさ」に安心するのは、語りの範囲が限定されるからです。もし、この「やさしさ」の範囲を語りが超えると、私たちは裏切られたような気分になる。ここら辺にヒントがありそうです。良い小説というのはいつも飛躍への契機を隠し持つ。「ある独身男のお話」のこの冒頭部は、一段落でストーリー全体を要約する体裁になっていますが、それは小説語りに対する一種の挑戦なのです。いかに堂々と種明かしをしておいて、なお、騙すか。これは手品の構造とも似ています。誘惑的な「やさしさ」で語りを始め、そのいかがわしさまでを存分に見せつけてから、なお、読者を裏切る。とりわけオコナーがうまいのは、この語り手による「裏切り」と、登場人物による「裏切り」とが重なるところです。

　この作品の粗筋はこうです。主人公のアーチー・ボーランドは役所でそれなりの地位にある。知的で独立心が強く、行動力もあるし、意志も強い。女性にもやさしい。というか、女性にはこういう風に接しなければならないという、古風なまでの紳士らしさを備えている。でもなぜか独身。話を聞いてみると、どうやら過去に女性に酷い目に合わされたことがある。騙されたというのです。だから独身を貫くことは、彼にとっては、傷ついた自分の心をいわば神性化するための記念碑のような意味合いがあるのです。

　しかし、騙されたというその事件を子細に検分してみると、

ひょっとしてボーランドは騙されてなどいなかったのではないかとも思えてくる。ボーランドが婚約していた女性は、別の男とも婚約していた。ボーランドは探偵よろしく張り込みをして、現場をみごとにおさえ、女性を激しく問いつめる。まさにドラマチックな三角関係のクライマックス。ところが、女性は意外なことを言うのです。これは仕方ないことなのだ、と。若い頃、彼女は交際を求められて断ったことがある。その少年がショックで自殺した。それ以降、自分は交際を求められると断ることができなくなった、というのです。しかも、婚約している相手は、さらにもうひとりいる。でも自分は今、ボーランドを好きになってきたところだから、他の男たちの熱が冷めたら無事結婚できる、もうちょっとの辛抱だ、というのです。

　ボーランドはこの言葉に一切耳を貸しません。女性とは完全に縁を切る。ボーランドにとっては、そこでストーリーはおしまいです。ドラマチックな三角関係どころか、何と白けたからくりではないでしょうか。「男の愛情なんて、一時の熱のようなもの」と割り切って、二股も三股もかけている女性の態度には、たしかにシニカルなものがあります。しかし、よく読んでみると、まさにこのシニカルさに妙味があるのです。この女性はシニカルなように見えて、何かを本気で求めているところがある。そこが不思議だし、魅力的でもある。どうもボーランドは女に騙されたという自分の悲劇を、誇張して理解していたのではないか。騙されるどころか、あと少しでこの複雑な女性との関係に深入りする、一歩手前だったのかもしれない。

　冒頭の段落の役割は、こういう物語をうまく導入することにあるわけです。そこで「あ！」と思うのは、一般論から始ま

出だし ②——フランク・オコナー「ある独身男のお話」

この文章の人当たりの良さと、この物語の主役の女性マッジの誘惑性が似ているということです。最初の文から次の This is usually not very easy because . . . と続くあたり、わかりやすい秩序立ったスタイルをそのまま受けて、まるでこちらの手をとるような、たいへん丁寧な道案内になっています。前に述べたことを受け、係り結びのようにしっかり連結が示される。因果関係や論理の行方も明確。ところが、途中から様子がおかしくなってきます。この丁寧な道案内がむしろ災いする。丁寧なのはいいけど、何だかその連結具合がしつこく感じられてくるのです。何度も同じ対象物が言及され、かえって言葉がごちゃごちゃ渋滞して見える。最初の文と同じ緊張度で読むと、「おやおや？」となるはずです。文章がその理屈っぽい饒舌さにおぼれていくように見えます。

しかし、この混乱の中で、作家オコナーの技がひときわ冴えています。読み所はとくに、bachelor という言葉をめぐってあれこれ言葉がからみ、そのうちに話題がずれてしまう過程です。一般論の言葉が小説の言葉へと飛躍する、その秘密がここにあります。This is で始まった長い文は、一方で bachelorhood → the cause → morality → divinity と進むことで、ひたすら理屈への傾斜を深める。しかし、いかにも「自分は論理的なのだ」と誇示するかのような語り手の（ちょうどカーヴァーの語り手とは逆ですね）、その論理的なしつこさが、むしろ理屈からの離脱につながる。この部分の論理の骨格となっているのは、「AはBであり、BはCであり、さらにはDであり、Eであり……」という言い換えですが、そのあまりの矢継ぎ早な展開には、眩暈のような感覚が伴います。そして、「あれあれ？」と幻惑され

ているうちに、最後の divinity（神性）まで来てから、実は意外なところに辿りついたということになるのです。神性どころか stuffed ではないか、となる。意味としては、要するに「詰め物を入れて実際以上に膨らまされている」ということで、「インチキ」というニュアンスもあるかもしれませんが、とりわけ大事なのは divinity というやや大げさな語に対して、同じマイナスでも evil（悪）とか corruption（腐敗）といった立派な語のかわりに、stuffed という拍子抜けするような即物的な言葉を組み合わせたところです。ボーランドの誤りについて、そしてその結果として生じたのかもしれない、ボーランドが永久に気づかない小さな悲劇について、実にさっぱりした言葉を使っている。

　これは脱力による飛躍なのです。日本の文壇では大正期以来「散文精神」という表現がよく使われてきましたが、英語でも昔から sobriety という、しらっと理性の冴えた穏健さを一種の徳として示す言葉がありました。bachelorhood → the cause → morality → divinity という、賢しげな一般論に発する論理的なエスカレーションを、stuffed という脱力したような言葉がひっくり返す。ここで機能しているのは小説の大きな武器としての、散文的な覚醒感です。

　しかも、この飛躍の後には、いかにも散文らしいほろ苦い「味」がしみ出してくる。マッジがボーランドに与えたのは、まずは打撃的な覚醒でした。三角関係に引きずり込んで狂わせるとか、失恋させるというのではなく、恋愛というものに対して白けさせてしまう。それは女性に対して幻想を抱こうとするあらゆる男性への復讐だとも言える。しかし、その白けを突き抜

出だし ②——フランク・オコナー「ある独身男のお話」

けた向こうに、一段味の濃厚な誘惑があった。しかし、ボーランドはそれを理解することができなかったのです。

　ここには恋愛を書くということに対する、作家の強烈な自意識が読めるでしょう。そもそも愛し合うふたりが単に結ばれてしまったら、小説にはならない。小説が始まるためには、第三者にせよ、心変わりにせよ、ふたりの純なる感情や関係を乱すような不純物が混入する必要がある。その不純物を、「感情なんて時間がたてばおさまるもの」という打算的かつおもしろみのない、でも深く考えるとなかなか怖ろしい、妖艶でさえあるマッジの処世術に求めたのです。つまり、いったん恋愛の狂騒を御破算にした上で、その後に誘惑的で切ない、地味だけれど濃厚な恋愛小説的な味わいを残しておいた。ほんとうの旨味は、隠してあるというわけです。ここには、オコナーなりにこのジャンルに切りこもうとした「散文精神」の表れが見てとれるでしょう。

　曲芸のように軽やかな文章術を通して不純物を持ちこみ、小説をスタートさせるこの作品は、一見愛想が良いだけに軽薄にも見えるかもしれませんが——そして愛想の良い出だしは短篇の名手オコナーの得意とするものでもありますが——それはあくまで英語散文ならではの冷静さと、洞察と、幾ばくかの毒とを後で導きこむためのステップなのです。「非個性的」で引っかかりのない出だしから始めながら、小説とはきれいで純なる文章などではない、もっとごちゃごちゃしたわけのわからないものだぞといわんばかりの仕掛けへ。そこで私たちは「あ、裏切られた」と思うとともに、いつの間にか小説的飛躍に立ち会わされることになるのです。

フランク・オコナー (1903-66)

アイルランド出身の作家。短篇の名手で、「アイルランドのチェーホフ」とも呼ばれた。あくまでパーソナルな経験を土台にして、アイルランド独立問題、女性問題などを巧みな物語に仕立て上げている。アメリカの大学で文学講義を行ない、それを基にした小説論『孤独な声——短篇小説研究』(1963) を著している。ゲール語詩を英訳し、アイルランド文化も論じている。

© g. Paul Bishop 1956

chapter 3

小さく言う

——フィリップ・ラーキン『冬の少女』

英語は意地悪だ

　英語の持ち味のひとつは「意地悪さ」かもしれません。といっても、ブリテン島に生まれると性格が悪くなる、とか、英語を使っていると嫌な奴になる、ということではなく、ただ、英語文化の中で練り上げられてきた表現の作法には、「いやあ、意地が悪いですねえ」と言いたくなるような、つん、つん、と巧妙にツボを突っつき、「いてっ！」と感じさせるような言葉の操縦術が組み込まれていそうだということです。

　この章で取り上げるのはフィリップ・ラーキンの小説『冬の少女』の文章です。とくに焦点をあてたいのは、描写の方法。ラーキンは今では詩人として知られている人ですが、若い頃は「自分は偉大な小説家になるのだ」という夢を持っており、最初に出版したのも『ジル』という自伝的な小説作品でした。詩と小説の中間地点のようなところで書くのがその特徴だとも言えます。

　生前すでに詩人として名声を確立していたラーキンは、桂冠詩人にも推されたほどなのですが、死後に発表された書簡集を見ると、意地悪どころか思わず目を覆いたくなるような罵詈雑言が満載で、おかげでその後、人としてのラーキンの評判は地に落ちるなどということもありました。私信の中でこのように悪意を炸裂させる人が、では、公の作品の中でそうした毒をいったいどのように処理しているのか、どれくらいはっきり露出させているのか、といった問いも当然ながら浮かんでくるわけです。もしプライベートなものとパブリックなものの間に大きなギャップがあるとしたら、そこには何かの力が——英語が培ってきた文化の強制力のようなものが——働いているのではない

小さく言う──フィリップ・ラーキン『冬の少女』

かと考えてみたくなります。

ラーキンの悪意

　『冬の少女』はキャサリン・リントという女性を主人公にした物語です。冒頭部の舞台は冬の英国。第二次世界大戦で難民となったキャサリンが、ヨーロッパ大陸から渡ってきて、図書館で働いています。いかにもイギリスの冬らしい、どんよりした重苦しさ。冴えない同僚や上司。路上には、溶けて泥と混じり合い汚らしくなった雪が残っています。しかし、キャサリンにはひとつだけ希望がありました。実はキャサリンは十代の頃、イギリスでホームステイしたことがあったのです。小説の中盤は、このときの回想です。季節は夏。ホームステイ先のフェンネル家には、ロビンとジェーンという兄妹がいました。このふたりと過ごしたひと夏の甘い思い出を、キャサリンはずっと忘れることはありませんでした。そして、今、年をへていろいろな意味で「冬」のただ中にいるキャサリンが、かつての「夏」を象徴する存在であるロビンと再会することになります。小説の後半では、牧歌的な夏のイギリスから再び冬に舞台が戻り、成長したキャサリンとロビンが、大人の男女として面と向かうのです。

　こう書くと、たいへん通俗的な意味で「ロマンチック」な筋書きのようにも見えるかもしれません。そして実際、この小説は出遭いや、告白や、謎や、さらには川遊びとか果物とか太陽の光といった「何かドキッとするようなことが起きるかもしれない」という予感を演出する、まさにロマンス的な意匠をしっかり活用してもいます。若きラーキンには、小説というものが、

そうした夏の陽射しめいた誘惑的な力を推進力として活用せずには成り立たないということが、わかっていたのでしょう。

しかし、ラーキンは、夏を書くだけで気が済む人ではありませんでした。一方で夏の陽射しに憧れつつも、陰鬱な冬がラーキンの意識を離れることはないのです。夏と冬の往還からなる『冬の少女』のプロットは、まさにそうしたメンタリティの表れでした。こうした態度は文章の作法とも関係してきます。

まずは『冬の少女』の中でもかなり毒気の強い箇所を見てみましょう。キャサリンが、友人のハンドバックを間違えて持っていってしまった女性に会いに行くところです。どうもこの女性は、キャサリンの上司と深い仲にあるらしいのです。それでいったいどんな人だろうと興味津々で訪ねてみると……

In her woollen jumper and cardigan she was breathless and rather grotesque; her pale eyes bulged somewhat and her neck was too long. She was one of the people who do not look right till they are nearly fifty, when their eccentric appearance harmonizes with the caricaturing onset of age. (192-93)

ウールのジャンパードレスにカーディガンという出で立ちの彼女は、息づかいも荒くて、どこか珍妙だった。生気のない目は突き出し気味で、首はひょろ長い。こういう人はどうにも変な印象を与えるもので、50歳近くになってやっとその珍奇な見かけと、老いて際立ってくる、戯画に描いたような醜さとがうまく混じってくるのである。

熱いロマンスなどとは縁のなさそうな、珍奇な出で立ちの人物だというわけです。かなり容赦ないというか、「いやあ、やっぱ

小さく言う――フィリップ・ラーキン『冬の少女』

りラーキンは嫌な人だなあ」と思いたくなる描写です。ただ、にもかかわらず、うまいなあとも思わせる。とくに、when ... の一節で、harmonize という語を使うあたり。内容的には「もともとのひどい見かけが、老いることで際立ってくる見苦しさとほどよく混ざる＝中和される＝相殺する」ということなのでしょうが、their eccentric appearance と the caricaturing onset of age とをひょいと結ぶところに妙味があります。この効果についてもう少し考えてみましょう。

いうまでもなく「意地悪」というのは悪意のひとつの表れで、根本にあるのは攻撃性ですから、対象をやっつけることが目的です。ただ、ふつうの悪意や攻撃との違いは、言ってみればそれが「小声でなされる」ということです。意地悪というのは潜行する。抑制されたり、隠されたりする。だから、場合によっては、明白な攻撃よりもかえって効くのです。どこから狙われているのかわからないし、どう防いでいいのかもわからないから。

今の harmonize の箇所では、この連結のおかげで「見かけの妙さ」と「老いの見苦しさ」とに向けられる攻撃的視線が、それぞれ多少なりと抑えられているように見えます。ベクトルの違う感情が意外なポイントで結びつけられるとその勢いはそがれるし、harmonize という語も、やさしげで、生産的で、ふつうは肯定的な意味で使いそうな語です。しかしここでは、そういう表向きの抑制ゆえにかえってとらえどころがなく、どう処理したり決算したりしていいのかわからないような、それだけに奥の方にまで達するような、しつこく残るダメージが与えられてもいるようです。いや、ダメージというよりは、ダメージ

の周辺に漂う予感とか、余韻と言った方がいいかもしれません。

つづく部分では、ラーキンの悪意はもっと明瞭になります。

But now, for she could only be thirty at the most, vestiges of youth still clung about her, and while she did not look as if she had ever been pretty, she still kept a gaucheness of manner that would have been suitable only in a very young girl. It made her laughable. (193)

しかし、今のところは彼女もまだせいぜい三十なので、若さの痕跡はまだ残っているし、生まれてこの方、きれいだったことなどなかったような容姿のわりに、いい年をして、ほんとうに若い娘でないと似合わないような未熟な様子を見せたりもする。実に滑稽だった。

---

laughable（滑稽）というところなどかなり痛烈ですが、それに先立つ部分では、相変わらず while she did not look as if she had ever been pretty とか、a gaucheness of manner that would have been suitable only in a very young girl などと、仮定法を巧妙に使って、「はっきりとは言わない」というポーズがとられます。明らかに「言ったも同然」なのですが、それでも表向きは「はっきりとは言わない」という抑制と潜行のポーズをとり続けています。その結果、もちろん意地悪さには磨きがかかり、また、よりたちの悪い攻撃性のようなものがにじみ出してくることにもなります。ただ、果たしてそれだけなのでしょうか。

小さく言うこと

実は、抑制や潜行といった「小声のポーズ」が、いつも悪意の符丁となるわけではありません。むしろ意地悪さは英語表現

小さく言う ──フィリップ・ラーキン『冬の少女』

が──そしてラーキンが──備えている傾向のひとつの表れにすぎないとも言えます。別の形も十分ありうる。こんどはそういう例を見てみましょう。次にあげるのはより冒頭に近い箇所で、キャサリンが友人の歯痛を目の当たりにし、思わず同情するという場面です。

'It's so cold it almost stops my tooth hurting.'
She bent to drink again, and Katherine saw as she raised her head afterwards that she was gasping at the chill of the water and half-smiling, the tiny hairs around her mouth wet. Katherine, who ever since she had got up that morning had been thinking of the Fennels and herself with increasing excitement, was suddenly startled to sympathy for her. Till then she had seen only her ugliness, her petulance, her young pretensions. Now this faded to unimportance and she grasped for the first time that she really needed care, that she was frail and in a remote way beautiful. It was so long since she had felt this about anyone that it came with unexpected force: its urgency made her own affairs, concerned with what might or might not happen, bloodless and fanciful. This was what she had not had for ages, a person dependent on her: there were streets around that she must help her to cross, buses she must help her on and afterwards buy the tickets, for the pain the girl was suffering had half-obliterated her notice of the world. (34-35)

「冷たいわ。ほとんど歯の痛いのがわからなくなるくらい」
彼女はもう一度身をかがめて水を飲んだ。それから、頭をあげると、水の冷たさに苦しそうにあえぎながらほとんど笑い顔になり、口のまわりに濡れた髪をわずかに張りつかせている、それがキャサリンから見え

た。今朝起きたときからキャサリンはずっと、フェネル家の人々と自分とのことを考えて興奮が増す一方だったのだが、このとき急に、はっと彼女のことが気の毒になった。これまでは、この子の醜さや怒りっぽさ、子供っぽいてらいなどばかりが目についた。今や、それがみなどうでもよくなり、何とかしてやらないとという気持ちが初めて湧き起こったのだ。弱った彼女は、かすかにだが、美しいとさえ思えた。他人に対してこんな気持ちになるのは久しぶりだったので、キャサリンは思いがけず強い衝撃を受けた。このように切迫した事態を前にすると、実現するかどうかも定かでないような自分の事情は、人間らしい情とは無縁で、現実とおよそ関わりのないことにしか思えなくなってくる。もう何年もなかったのだ、自分をあてにしている人がいるなどということは。道を渡るのにも、バスに乗るのにも、バスで乗車券を買うのにも、自分が助けてやらねばならない。あまりの苦痛で、この子は回りの世界のことが半ばわからなくなっているのだから。

キャサリンを視点人物としていることもあって、視線にはキャサリンの心境がある程度反映していますが、それをさらにまとめるような背後の目——おそらくラーキンのそれと限りなく近いであろうもの——も感じられます。それが印象づけられるのは、たとえばKatherine . . . was suddenly startled to sympathy for her（はっと彼女のことが気の毒になった）とか、Now this faded to unimportance . . .（どうでもよくなった）といった、よけいな言葉をそぎ落とすような、さりげない「縮小化」の手際の良さを通してでしょう。手際良くまとめているだけに、ちょっと距離をおいた感じがする。ぜんぶわかって見下ろしているように見える。にもかかわらず、あまり観念的すぎないというか、頭だけで整理したという印象でもない。おそらくそれは、こうした表現が視点人物の感情の気配のようなものを拾っ

小さく言う——フィリップ・ラーキン『冬の少女』

ているからではないでしょうか。

　とくに注目すべきなのは startle とか fade といった動詞です。どちらも何かがある状態から別の状態へと移行する、その過渡的な段階を指し表す言葉です。「はっとさせる」という意味の startle は、ふつうは何か外的な要因によって静的でおだやかな心境が急に脅かされるという状況を連想させますが、ここでは to sympathy という、むしろ静けさを示唆する言葉に続くところがひねりになっています。キャサリンは単に「はっとした」だけではなく、「はっとして、それから／と同時に同情した」というややこみいった心理を体験するわけですが、その経過を一種の飛躍としてとらえている感じが startle と sympathy という、わずかな違和感を含んだ組み合わせに表れています。

　fade to unimportance の方はよく使われる表現で、fade と unimportance も意味的には重なりあっているから、表現としてそれほど波乱はないのですが、fade という短い日常的な単語の持つ即物性と、unimportance という語のやや難しげな抽象性（importance でさえ抽象的なのに、ましてやその否定型でもある）の組み合わせにかすかな違和感がないわけではない。「そんなことはどうでもよくなった」という心理経過に、情緒的・生理的な側面（＝身体）と、理知的な側面（＝頭）とがあって、それらがからみ合っている感じが出るわけです。

　つまり、こうした表現は一見地味でふつうに見えるけれど、重ねて使うことで、startle や fade といった動詞に潜在的にある、「経過」とか「移行」のニュアンスが少しずつ引き出されるのです。どちらも効率よく心理をとらえまとめあげるようでいて、実際にはむしろ心の動きをほぐし、解放し、込み入ったプ

ロセスとして泳がせているように見えます。先ほど、視点人物の感情の気配を拾っているという言い方をしましたが、より正確には、視点人物の感情を「気配」として感じさせるということかもしれません。感情の輪郭を書ききってしまわずに適度にぼかすことで、感情そのものよりも、感情の気配をほのめかす。はっきり言葉にできないぼんやりしたものがあるな、と感じさせる。そのためにわざと動きの余地を残すのです。遊びをつくるのです。これを効率的な言葉遣いと両立させるわけですから、思わずうならざるを得ません。

　このように「縮小化」を上手に使った箇所を見てあらためて感じるのは、「小声で言うこと」や「より少なく言うこと」の威力です。イギリス人が自分たちの言葉遣いの特徴としてよくあげる言葉に understatement という語があります。語義としては、the presentation of something as being smaller or less good or important than it really is. 「何かを実際にそうであるよりも些細であったり、価値が低いか重要でないかのように示す」（*OED*）となります。決まり文句としては To say I am delighted is an understatement.（嬉しいというだけでは、とても言い足りません）のようなものがありますが、たとえば Well, people usually die at some point . . .（まあ、ふつうは、人間というのはいつかは死ぬわけですから……）のようなとぼけた言い方も understatement の一種と言えそうです。こういうのは日本語に訳すと様にならないのですが、ちょっと鼻に掛かった気取った英語でいうと、それっぽく聞こえそうです。

　つまり、understatement というのはどこか階級の香りがするのです。だいたい、少ないものしか持たない人にとっては、よ

小さく言う——フィリップ・ラーキン『冬の少女』

り少なく見積もる余裕などない。understatement というのは politeness のひとつの形であり、贅沢なのです。階級的優越感を、それこそ意地悪くひけらかす手段だとも言える。*OED* によると、この語の初出は 1799 年とあります。18 世紀の英国は成り上がり上流階級が急増し、それだけに自分をより上の階級にみせるためのさまざまなテクニックが盛んに取りざたされた時代でした。そういう中から、understatement というモードが生まれたというのは誠に興味深い。

刹那(せつな)の語り

　話を元に戻しましょう。今の引用箇所には、「より少なく言うこと」の効果を上手に使った表現は他にもあります。たとえば Katherine saw . . . that she was gasping at the chill of the water and half-smiling, the tiny hairs around her mouth wet とか、for the pain the girl was suffering had half-obliterated her notice of the world. といったところ。half という接頭辞が目につきます。なぜ、half なのでしょう。

　意味としては言うまでもないと思います。文字通り「半分の」となる。しかし、この場合はただ忠実に「半分の」という分量を推し量ればいいわけではありません。たとえば一つ目の例は、楽しくて笑っているわけではない。ここでこの女性は、水の冷たさがあまりに歯にしみて、「うわっ」となっているのです。口のまわりの濡れた髪をのける余裕もない。そういう中での half-smiling なわけですから、実に哀しく、惨めです。無理して取り繕っているのか、自然と笑い顔めいたゆがみになっているのか。

　一般に英語の half-smile というのは、より意味が限定的な日

本語の「薄ら笑い」とは違って、いろいろな意味で使えそうです。笑い・マイナス・アルファは、怒りのこともあるだろうし、警戒かもしれないし、悲しみかもしれない、もちろんおかしすぎて、笑ってはいけない状況なのに「ほとんど笑った」ということでもありうる。いずれにしても、人間の感情表出の微妙な部分を表すのに、「半分の笑い」というのはたいへん有効なのですが、その根幹にあるのは、half が「マイナス」のジェスチャーだということかと思います。どうもラーキンはそこにこだわっているような気がする。

　二つ目の例でもこの「マイナス」をうまく使っています。half-obliterate とあるけれど、結果的に obliterate した、つまり、痛みがあまりにひどく、まわりのことが「ほとんどわからなくなる」ということなわけで、こちらは「マイナス」でありながら、むしろ obliterate を強めている感がある。先の意地悪の例と同じように「マイナス」することで、むしろ意味が強くなっているとも言えるでしょう。

　また half という接頭辞そのものはありませんが、she grasped for the first time that she really needed care, that she was frail and in a remote way beautiful. というところなどは、half と同じように「マイナス」の効果を使って、絶妙な表現をしているところです。beautiful という語が、in a remote way という表現の後に来ることで、まるでトンネルの向こうにかすかな光とともに現れるかのように引き立てられています。しかも、結果的には「beautiful ではない」ということをも言っている。実に込み入った仕掛けです。込み入っているけれど、そのため、言い換えたり説明したりするのは難しいけれど、しかし、「あっ」

小さく言う──フィリップ・ラーキン『冬の少女』

と瞬間的にはわかったような気になる。

　「マイナス」の狙いはこれではないでしょうか。一方ではhyperboleと呼ばれるような、過剰で、重くたくさんな表現があるわけですが、これとは対照的に「より少なく言う」表現というのは、あまりに小声だから聞き取れなかったり、何を言ったのかよくわからなかったりする。にもかかわらず、何だかわかったような気になる。意地悪をする場合には、そういう小声ならではの聞き取りにくさを利用して、捕捉されにくい、潜りこむような攻撃につなげるわけですが、必ずしも攻撃とは関係ない今の引用部のような箇所では、そうした表現を少しずつ重ねていくことで、より純粋に「瞬間的にわかる」という感覚を追求しているとも見えます。ごく短い刹那、ふっと浮かびあがるけど、気づくともう消えてしまっているような言葉で語ろうとしている。

　もちろんラーキンにしても、先にも触れたunderstatementの文化と無縁なわけではないでしょう。今まで引用した箇所の端々にも、貧乏であることやvulgarであることに対する嫌悪感はにじみ出ていました。上流階級の出身でなかったラーキンが、1940年代という時代にオックスフォードに進学して感じた階級的劣等感は、最初の小説『ジル』でやや大げさなほどに描出されているのですが、そのことからもわかるように「自分は上流ではない」という意識を若きラーキンが抱えていたことは間違いありません。「小さく、少なく言う」という描写の作法をラーキンが洗練させるその大元には、politenessの意識があったのでしょう。

　冒頭で触れたようなあけすけな悪口は、ラーキンの中では、

堕落したpolitenessとしての取り澄ましや偽善への抗いだったのかもしれません。不快なものや自分の気に入らないものに嫌というほど反応し、それを「小声」どころか「大声」で言う——社会的にそれが受け入れられるべきものかどうかは別として——そこには中上流階級の英語文化が押しつけてくる「小さく言う」という形式を誰よりも洗練させたはずのラーキンが、その裏に抱え持ち、結局、解放することのできなかった「もうひとりの自分」がいるのです。[1]

『冬の少女』で対になる、きらびやかな「夏」への上昇と、陰鬱で苦しい「冬」に向けての下降。その背景にいるのは、いずれも「もうひとり」のラーキンではなく、パブリックな仮面をかぶった方のラーキンです。ためしに「夏」を「結婚」と言い換えてみると、そこにはきわめてジェーン・オースティン的な世界が浮かびあがってくるかもしれません。たしかにこの小説はオースティンのパロディにもなっているのです。いつも「夏」の世界に立ち戻っていくオースティンの小説は、中上流階級的なunderstatementに満ち満ちてはいますが、ラーキンはオースティンとは対照的な「冬」の世界を描くためにも、「小声」のレトリックを仕立て直してみせる。それを担ったのが、非イギリス人である主人公キャサリンだったのです。最後にたいへんおもしろい一節をあげておきましょう。

. . . the English were, after all, very formal, she remembered, having once laboriously read half a novel by Jane Austen. (104)

……そう言えばイギリス人というのは、何だかんだ言って、とても形式

小さく言う——フィリップ・ラーキン『冬の少女』

張っている。ジェーン・オースティンの小説を頑張って半分くらい読んだことがあるからわかるのだ。

オースティンの小説、「半分」は読んだというのです。だからイギリス人のことは多少はわかる。でも、「半分しか」読めなかった。英語ができなかったから？　退屈だから？　理解できないから？　イギリスなんて、「夏」と「冬」の半分ずつでしかつきあえないというのは、おそらくイギリス人ラーキンの奇妙な実感でもあったのではないでしょうか。

フィリップ・ラーキン(1922-85)
英国の詩人、小説家。元々小説家志望だったが、『ジル』(1946)と『冬の少女』(1947)発表の後は詩作が中心となる。詩は閉塞感と穏やかな虚無感を漂わせ、やがてムーヴメント系の詩人に特徴的な日常性へのこだわりがはっきりし、悪く言えばやや低空飛行気味の題材の扱いに、ラーキンなりのリアリズムが打ち出されてくる。『聖霊降臨祭の婚礼』(1964)と『高窓』(1974)など、円熟期の詩集で、語りのテクニックに磨きがかけられる。読み手をひきこむスムーズな語り口の中でとくに目立つのは、どきっとさせるようなパンチの効いたフレーズの巧みな使用である。ラーキンはおそらくジャーナリズムなどで最も引用頻度の高い二十世紀詩人のひとりで、中でも「性交渉は1963年に始まった」の一節で知られる「素晴らしき年」は有名である。

Philip Larkin, Outside Hull University Library, Jane Brown, 01 August 2006
© Guardian News & Media Ltd 2006

注
1　このあたりの問題についてトム・ポーリンは、イングランド的な「取り澄まし」や「控えめさ」に対するラーキンの複雑な感情に焦点をあてて考察していて、参考になります。

chapter 4

強さ
——ジョージ・エリオット『ダニエル・デロンダ』

電子メールで「しまった！」という経験をお持ちの方は多いかと思います。郵送と違って、発送までにかかる時間が短い分、メールでは「出さなきゃ良かった」文面をそのまま送ってしまうのです。もちろん、こうした事態は以前にもありました。手紙にせよ、印刷物にせよ、文字化した自分の考えやメッセージに後から違和感を抱くということは、しばしば起きます。文章は所詮、モノですから、何となく自分の生の声を伝えていないように思えてしまう。書き換えれば良かったと後悔する。書かれたメッセージというのは、それだけ危ういのです。曖昧だったり、意味不明だったりもするけど、何より意味過剰というか、口調が強すぎる場合が多い。「しまった！」の例はたいていそうです。文章は口で直接伝える場合に比べて、意外なほど強烈になる。ナマの言葉でないのに——媒介されたものにすぎないのに——不思議です。

　この章では手紙という形式に焦点をあて、書かれたメッセージに生ずるこの「強さ」の可能性について考えてみたいと思います。取り上げるのは、ジョージ・エリオットの『ダニエル・デロンダ』に出てくる、ある怖ろしい手紙です。手紙というメディアの凄みを徹底的に生かした文章です。

怖い手紙

　『ダニエル・デロンダ』は長い小説です。出来事はそれほど多くないのですが、何しろ描写が念入りです。心理は細かいところまで説明され、人物の感情や思考や信念がたっぷりと濃厚に書きこまれています。とても重い感じがする。情念の小説といっても過言ではないでしょう。その過剰さのひとつの中心にある

強さ——ジョージ・エリオット『ダニエル・デロンダ』

のが、これから読む手紙なのです。

　小説にはダニエル・デロンダとグウェンドレン・ハーレスというふたりの中心人物がいます。それぞれの運命が交わることで全体が構成されるのですが、この章での話題と関係するのは、主にグウェンドレンの物語です。美貌の持ち主でプライドも高いグウェンドレンは、破綻した家計を支えるため、資産家のグランコートと結婚し、財産を手に入れようと決意します。やがて狙い通りに事は進行するのですが、その過程で彼女はいろいろなものを失い、罪の意識にも苦しみ、最後は悲劇的な事件に巻きこまれます。

　悲劇の発端は、ある隠された事実の開示でした。グランコートには密かな愛人がいたのです。彼はかつて人妻リディア・グラッシャーと付き合い、子供まで作らせていた。この元愛人リディアが、グランコートとグウェンドレンとが親密になっていくのを察知する。そして、グウェンドレンの前に自ら姿を現し、真実を告げて警告します。グウェンドレンは動揺し、身を退くことを約束、いったんグランコートの前から姿を消します。以降、グウェンドレンはリディアの影におびやかされつづけ、道徳的煩悶に苦しめられもしますが、結局運命のいたずらもあり、グランコートとの結婚に踏み切るのです。

　すると、新婚間もないグウェンドレンに小さな包みが届けられます。中身はダイアモンド。かつてリディアに贈られたものですが、グランコートの意思もあり、ついにそれがグウェンドレンに渡されることになる。かつての愛人から新しい妻への、象徴的な譲与の場面と言えるでしょう。そのダイアの入った箱に添えられているのが以下の手紙なのです。[1]

'These diamonds, which were once given with ardent love to Lydia Glasher, she passes on to you. You have broken your word to her, that you might possess what was hers. Perhaps you think of being happy, as she once was, and of having beautiful children such as hers, who will thrust hers aside. God is too just for that. The man you have married has a withered heart. His best young love was mine; you could not take that from me when you took the rest. It is dead; but I am the grave in which your chance of happiness is buried as well as mine. You had your warning. You have chosen to injure me and my children. He had meant to marry me. He would have married me at last, if you had not broken your word. You will have your punishment. I desire it with all my soul.

'Will you give him this letter to set him against me and ruin us more — me and my children? Shall you like to stand before your husband with these diamonds on you, and these words of mine in his thoughts and yours? Will he think you have any right to complain when he has made you miserable? You took him with your eyes open. The willing wrong you have done me will be your curse.'
(303)

　これらのダイアモンドは、以前、熱烈な愛とともにリディア・グラシャーに贈られたもの。それを彼女はあなたに譲る。あなたは彼女とかわした約束を破った。彼女の持っていたものを手に入れようとしてのことだ。おそらくあなたは、かつて彼女がそうであったのと同じように、幸せになろうと考えている。彼女と同じように美しい子供たちを産み、その子たちに彼女の子供たちを押しのけさせようとしている。神はそんな不正を許さない。あなたが結婚した男の心は枯れている。彼の若々し

強さ──ジョージ・エリオット『ダニエル・デロンダ』

い至高の愛は私に注がれたのだ。あなたはたとえ他のものは奪えても、それだけは私から奪うことはできない。彼の愛は死んだ。私は墓となる。そこにはあなたの幸福の可能性が、私の幸福の可能性とともに埋葬されるのだ。警告はしたはず。あなたは私と私の子供たちを傷つけることを選んだ。彼は私と結婚するつもりだった。あなたが約束を破りさえしなければ、彼はいずれは私と結婚しただろう。あなたは罰を受けるのだ。そうなることを、心から私は願っている。

あなたはこの手紙を彼に見せて、彼が私につらくあたるように、そして私たち──私と私の子供たち──がいっそう酷い目にあうようにしむけるのか? 私の言葉があなたと彼の頭にあるとわかっていながら、それでもこれらのダイアモンドを身につけて夫の前に立つのか? 彼があなたを惨めな目に遭わせたときに、あなたに文句を言う権利があると彼は思うだろうか? あなたはすべてわかっていながら、彼を奪った。あなたが私に対して納得ずくで犯した罪は、あなたをたたることになるのだ。

....

原文に付した日本語訳が、女性の手紙なのに「である調」になっていることに違和感を覚える方もおられるかもしれません。ただ、英語本文の調子からして、これぐらいしてもいいのかな、というのが私の考えです。とにかく強烈な手紙なのです。手紙という設定ならではとも言える。ジョージ・エリオットは、この種の凄惨な文章を書かせるとほんとうにすばらしい。右に出る者がいないと思わせるほどです。

どの辺に凄みがあるのか、具体的に見ていきましょう。文章について考えるとき、まずはその「目的」から考えるのがひとつの手です。多くの文章はその目的が明確で、それを達成するために仕掛けがしてある、と読める。が、実際は文章には生き物のようなところもあり、とくに文学作品の場合は、表向きの機能とは別の思いもかけない作用が働いていたりします。たと

えば詩などでよくあるのは、賛美のように見えて実は嘲笑とか批判となったり、逆に怒りに震えているようで深い愛の表現になっていたりという場合です。なかなか一筋縄ではいかない。

この手紙はどうでしょう。とりあえず、ここにはそうした二重性はないようです。目的は明白。この手紙が行おうとしているのは、受取人を呪うこと。とにかくこれに尽きます。ふたつあるパラグラフがそれぞれ、You will have your punishment. I desire it with all my soul.（あなたは罰を受けるのだ。そうなることを、心から私は願っている）とか、The willing wrong you have done me will be your curse.（あなたが私に対して納得ずくで犯した罪は、あなたをたたることになるのだ）といった決めのセリフ——痛烈な呪詛の言葉——で締めくくられているのが印象的です。どちらも、身震いするほど鋭利な表現で、読んでいて興奮します。

どうやらこの文章は、要所でこうした鋭い決めゼリフを吐くことでリズムを作っているようです。鋭い断罪の言葉というのは、まさにエリオットの得意技です。God is too just for that.（神はそんな不正を許さない）とか He had meant to marry me.（彼は私と結婚するつもりだった）といった表現も効いていますし、His best young love was mine; you could not take that from me when you took the rest.（彼の若々しい至高の愛は私に注がれたのだ。あなたはたとえ他のものは奪えても、それだけは私から奪うことはできない）と述べた後に、It is dead と続くところなどはとりわけ迫力があります。意味としては「彼の若々しい至高の愛」は「死んだ」ということなのですが、まるで「彼は死んだ」と聞こえる。直前の長い節が、It is dead と

強さ──ジョージ・エリオット『ダニエル・デロンダ』

いう短い表現に勢いよく収斂しているのも効果的です。長めの節や文の後に、このようにぎゅっと絞るような短い言葉が来ると、急ブレーキのような圧迫感と押しつぶさんばかりの寡黙さとが相まって、ぐっと引きこまれます。諦念と絶望が声に蓋をするようでいて、それでもなおにじみ出てくる怨念が聞こえてくる。

呪いの方法

　ただ、「呪い」というのは実に不思議なものです。さっき私は、この手紙が呪いという点では一貫していると言いましたが、そもそも呪うという行為は矛盾をはらんでいます。たとえば呪いでは、聖なるものと穢れたものとが同居している。この手紙でも、語り手はグウェンドレンに対し「地獄に堕ちろ！」とばかりに憎悪をむき出しにしながら、地獄に堕とすための力の拠り所とするのは聖なる神であり（God is too just for that.）、また自分の行為の正当性であり（You have broken your word to her）、さらにはグランコートの「若々しい至高の愛」（His best young love）なのです。悪意にまみれた人間が、このように善なるものに庇護を求めているわけです。

　ここで関係してくるのが、呪いのもうひとつの、より重要な両義性です。呪いというのは、ふつうは呪う主体がいて、その主体が呪わんばかりの感情にあふれている、というところから出発します。だから、呪いというのは、実にヒューマンなものなのです。背後に人間的な動機付けを必要としている。しかし、呪いがその威力を発揮するためには、それが人間を超越するような領域に達してもいなければならない。そのためには、本来

は限りなく人間的である言葉というものに、人間離れした、寒々とせんばかりの非人間的な冷徹さを与える必要があるのです。とても人が語ったとは思えないような言葉。まるでどこかから降ってきたような言葉。死者が語るかのような言葉。

というと、何か壮大なスペクタクルでも用意しないといけないように聞こえるかもしれませんが、ジョージ・エリオットの仕掛けは意外にさりげないものです。たとえば、この手紙、宛名がない。署名もない。ふつうの手紙とはちょっと違う。「〜から、…へ」というやり取りの枠組みが明示されていない。たいしたことではないかもしれません。文面を読めば、誰が誰に向けて書いたものかは一目瞭然です。でも、変な感じは残るのです。メッセージに差出人や宛先がないと、発話が宙に浮いた格好になる。この言葉、いったいどこから発して、どこに向かうのか。

名前も大事です。この手紙を書いているのは、グランコートの愛人のリディア・グラッシャーですが、その文面に本人の名前がフルネームで出てきます（These diamonds, which were once given with ardent love to Lydia Glasher, she passes on to you.）。[2] ちょっと気になる言い方です。こうした表現はもともと契約書などにあるもので、以下のように法的に何かを宣言する場合に使われます。

Kenkyusha Ltd is aware that they will not be permitted to use recreational facilities within Iidabashi Park during 2008. Utilization thereafter will be subject to approval of the Iidabashi Park Condominium Association.

強さ──ジョージ・エリオット『ダニエル・デロンダ』

> 株式会社研究社は、2008 年中、飯田橋公園内の娯楽施設の使用が許可されないことを認定します。2009 年以降の使用については、飯田橋公園マンション組合の許諾に従うものとします。

こうしたもので私たちがもっともよくお目にかかるのは「結婚の誓い」でしょう。

> **I, Ogasawara Taro, take you Hasegawa Kyoko, to be my wife, to have and to hold from this day forward, for better or for worse, for richer, for poorer, in sickness and in health, to love and to cherish; from this day forward until death do us part.**
>
> 私小笠原太郎は、貴方長谷川鏡子を妻とし、今日この日から先、大切にし、喜びのときも苦しみのときも、富めるときも貧しいときも、病めるときも健やかなときも、こよなく愛します。今日この日から死がふたりをわかつまで。

手紙の教本などには、「誓約書では Dear 〜などの呼びかけや Sincerely などの結び辞はつけない。自分（たち）のことを表すのに固有名詞を用い、代名詞も三人称にする」とあります。「人間味をすべて排除する」とも書いてある（『最新ビジネス英文手紙辞典』、482）。

このように契約書の文体は約束の上にあるものですから、「そういうものだ」と受け入れれば済むのかもしれません。しかし、『ダニエル・デロンダ』中の、この宛名も差出人もない手紙では、どういう約束事が文面を支配しているのかがよくわかりませんし、そこへさらにこうした三人称の言い方が出てくると、契約書風の文体に内在する独特さや違和感があらためて目につくよ

うに思えます。その違和感とは、主体が自分に三人称で言及することで、その主体が一人称と三人称とに分裂して感じられるということです。

　なぜ、わざわざそんな文体を使うのか。そこには語り手なりの事情があるのかもしれません。語り手はこの契約書体を使うことで、自ら分裂というか、切断を狙っているのではないでしょうか。Lydia Glasher という固有名詞を受けて、リディア自身についての言及には she とか her といった代名詞が使われますが、これは語り手としてのリディアが、語られる対象としてのリディアから懸命に距離を置こうとしている跡のように見えます。こうすることでリディアは、一方では実人生における自分の惨めさから離脱するとともに、他方では超個人的になることで、グウェンドレンを断罪する自分の言葉に、より大きな正当性と権威とを賦与しているのではないでしょうか。

　しかも興味深いのは、この手紙の三人称がそれほど安定していないということです。ぶ･れ･がある。たとえば、語り手がグランコートに言及するときには The man you have married has a withered heart（あなたが結婚した男の心は枯れている）という言い方をしています。単に三人称にするだけでなく、固有名詞さえ口に出したくないといわんばかりの迂回した言及です。グランコートという存在から身を遠ざけようとしている。が、実はここで露出するのは、語り手の不安定さです。The man you have married というと、一見回りくどく人物を規定しているようで「法律的」に聞こえるのですが、これは換喩であり、言葉の「彩」（figure）です。意味は厳密になるよりも曖昧になります。法律文書的に厳格に距離を置くなら、Lydia Glasher / she

強さ──ジョージ・エリオット『ダニエル・デロンダ』

と同じように Grancourt / he という言い回しが相応しい。しかし語り手はここでは、冷たい中立の立場をとろうとしていながら、「彩」に訴えることで、グランコートという固有名詞に感情的なニュアンスをこめてしまうのです。そのために自分のグランコートに対する思いを露呈している。

　案の定、次の文では語り手の「あくまで法律的に冷徹に断罪する」という態度が瓦解しはじめます。His best young love was mine; you could not take that from me when you took the rest となる。この mine や me は実に痛切です。どうしようもない何かが出てしまった感じ。こうして、いつの間に she / her という三人称の枠組みが me / mine という一人称にとって替わられるのです。それに続く文には、不幸な「生きる自分」と、高みから語る「生きていない自分」とを分かとうとする意志が、かなりグロテスクな比喩となって表れ出ています：I am the grave in which your chance of happiness is buried as well as mine. 自分をこうして死者ならぬ墓と見立てることで、リディアは、グウェンドレンに対する呪いに、最大の効力を与えようとします。しかし、そこに mine という言葉が出てきてしまうことからもわかるように、リディアの呪いが非人間的な冷酷さを得ようとするところで、三人称は一人称にスイッチし、むしろ人間的な「私」の情が顔を出してしまうのです。

　これに続く言葉では、非難とも嘆願ともとれる訴えかけの要素が強くなってきます。

You had your warning. You have chosen to injure me and my children. He had meant to marry me. He would have

married me at last, if you had not broken your word.
（下線筆者）

警告はしたはず。あなたは私と私の子供たちを傷つけることを選んだ。彼は私と結婚するつもりだった。あなたが約束を破りさえしなければ、彼はいずれは私と結婚しただろう。

---

me という形で自分を目的語に持ってくることで、グランコートに翻弄され、グウェンドレンに裏切られたリディアの「被害者」性がたいへん強調されているところです。この後、先にも触れた You will have your punishment. という断罪の言葉が続くのですが、こうして通して読んでみると、この手紙が、呪いの持っている人間性と非人間性の二極の間を揺れ動いているのがわかるかと思います。

　リディアは『ダニエル・デロンダ』という小説では主体であることを許されない人物です。いつも「邪魔者」とか「過去の罪」とか「非難」とか、あるいはここでのように「書かれた伝言」という形を借りて登場する。そういう人物ならではのゆがんだ声のあり方が、ここには出ていると言えるでしょう。

そんなこと言うと縁起が悪い

　ある種の言葉は、語る内容を現実化しようとします。よくあげられるのが、「開け、ゴマ」というおまじないです。開け、ということで、ほんとうに扉が開く。言葉には魔力が宿ることがあるのです。「そんなこと言うと、縁起が悪いよ」などと言いますが、語ったことが現実になるかもしれないという感覚は誰もが少しは共有するものでしょう。私にとってのその原体験は『ド

強さ——ジョージ・エリオット『ダニエル・デロンダ』

らえもん』というマンガに出てきた「コエカタマリン」という薬でした。しゃべった言葉がそのまま文字のカタマリとなって出現し、ゴチッと頭に当たったりするのです。ある種の文学作品でも、たとえば海のことを描写するのに波のリズムを響かせるとか、風を語るのに風のように気まぐれな構文を使うといったような工夫がなされています。語っている言葉を、語られる対象であるモノそれ自体に似せることで魔術的な力を生み出したいというのは、多くの書き手の願いです。

　祈りや呪いといった聖なる領域の言葉は、この「開け、ゴマ」をもっとも堂々行おうとするものと言えるでしょう。リディアの手紙も、You will have your punishment と述べることで、実際にグウェンドレンに罰が下されることを期待しています。しかし、今、見てきたように、呪いというのは分裂的な言葉です。聖なるものであると同時に、穢れたものでもある。人間的でもあるし、超人間的でもある。しかも『ダニエル・デロンダ』では、呪いは手紙という形で引用され、地の文からは距離を置かれた格好です。そのため、より明確に呪いの呪いらしさやその矛盾が表に引き出されることになります。手紙の文体は、呪いの言葉の抱える矛盾が投影された不安定なものとなり、You will have your punishment. という言葉も、物語の筋書きとしてはその通りになるとはいえ、『マクベス』の魔女の予言のような神秘に至るよりは、人間らしい情と非人間的な冷酷さの間で、宙ぶらりんになっていると言えるでしょう。

　しかし、この手紙がほんとうに怖ろしいのは、まさにこの「宙ぶらりん」のためかもしれません。呪いの言葉の魔術的な実効性も怖ろしいし、リディアの怨念にも凄みはあるのですが、こ

のメッセージがほんとうに怖いのは、そのどちらともつかないからではないでしょうか。メッセージが不気味になるのは、メッセージを発した主体が見えないとき、「誰が」の部分のはっきりしないときです。そもそも書かれたものというのは「声」らしくない。人間味に欠ける。だからこそ宛名や差出人を明示したり、たとえばメールでは「だよね」のような話しかけのジェスチャーを入れたりして主体性を演出する。そうやって「〜が……をする」という枠組みを目立たせないと、どことなく、暴力的になるのです。「誰が」をはっきりさせれば、書かれた「モノ」にすぎなくとも、そこには統一感が生まれ、まるでひとつの「声」であるかのように聞こえてきます。しかし、リディアの手紙は、非人間的な「法」の声と、感情的で怨念に満ちた不幸な「私」の声との間で揺れており、声の統一性が崩れかけているのです。そのため、そこには明瞭な悪意よりも、得体の知れない狂気がほの見える。書かれたモノならではの、ひとつの声におさまらないことの「暴力」が増幅されるのです。この短い手紙がリディアというひとりの女性の怨念をはるかに越えた悪寒のようなものを生み出してグウェンドレンを苦しめ、そのことで『ダニエル・デロンダ』という長大な小説の根本モチーフとなるわけですから、なかなかたいした仕掛けだというほかありません。

ジョージ・エリオット (1819-80)

イギリスの小説家。本名はメアリー・アン・エヴァンズで、女性。一貫して人間の道徳性と自己中心性との葛藤を描き続けた。前期は田園小説的作風であったが、後期は精細な心理分析をベースに社会全体を有機的に捉えるようになる。代表作に、『アダム・ビード』(1859)、『フロス河畔の水車場』(1860)、『サイラス・マーナー』(1861)、『ロモラ』(1863)、『ダニエル・デロンダ』(1876) など。中でも『ミドルマーチ』(1871-72) はイギリス近代小説の最高峰ともいわれる。

注

1 グランコートと結婚できなかったリディアは、ダイアを正式には所有せず、あくまで中継役にすぎませんでした。マーフィはこの点に注目し、リディアを一種の 'surrogate donor' と呼んでいます (193-4)。

2 『ダニエル・デロンダ』に登場するさまざまな名前は、その文化的コンテクストの多様さゆえ、英国と、ヨーロッパ大陸や中近東との密接なつながりを示唆するとする研究もあります（ベイツ）。リディア (Lydia) という名は、ギリシャ語起源の聖書的な名前であり、まさに東西交流のひとつの象徴と考えられるとのことです (51)。

chapter 5

スピード
——ドリス・レッシング『黄金のノート』

文章を読むスピードは人それぞれです。翻訳家の柴田元幸氏は「いやあ、僕は本を読むのが遅くて、同じ本でも読むより翻訳する方が早いくらいなんです、ははは」とおっしゃっておられますが、これは単なる謙遜や韜晦ではなく（もちろん「僕は翻訳がチョー早いのだ」という自慢でもなく）、まったく正直な感想のようです。プロと呼ばれる人達が、意外に読書のスピードは速くないということはよく知られています。文章を作品として読む場合には、言葉を情報の集積として処理すればいいわけではなく、言葉との接触の過程そのものを表現の一部として体験する必要があるのです。「読んでいる自分」を読むのだと言ってもいいでしょう。だから「1日に10冊は読んでるぞ」などということを喧伝するような人が、果たしてほんとうに本を読んでいると言えるのかは疑わしいわけです。いたずらに速度をあげた読書は、フィルムを早回しして映画を観るようなもので、ちゃんと読んだことにはならない。

　こうなると、それぞれの文章に応じた適切な読みのスピードということも気になってきます。私たちはごく日常的に「この人の文章は読むのに時間がかかる」とか「あれはさっと読めるよ」といった峻別は行っていますが、実際に個別の文章について考える際には、こうした読みのスピードの問題は等閑視され、これでもかとばかりに文章をひっくり返し、細かく分析するということになりがちです。他ならぬこの連載にもそうした傾向がありました。そこでこの章では、あえてそうした分析的な読みの視線を拒絶するような、むしろ早く読まれることでこそ、作品としての魅力を発揮するような小説からの文章を取り上げてみます。ドリス・レッシングの『黄金のノート』です。

スピード──ドリス・レッシング『黄金のノート』

『黄金のノート』の速度を測る

　主人公のアナは作家。かつて作品がベストセラーになった経験があるものの、その後は小説が書けなくなり、現在は印税で食いつないでいます。小説の枠となるのは、「自由な女たち」と題される一連の章で、アナと、モリーやリチャードといった彼女の友人たちとの関わりを、ひねりの効いたテンポの良い会話を中心に描き出しています。しかし、600頁を越えるこの大部の小説のより大きな部分を占めるのは、アナがこれまで書き溜めてきた青、赤、黄、黒、そして金という五つの色のノートからの抜粋です。それぞれのノートには、アナのアフリカでの体験や、男性遍歴、共産党での活動、作品の映画化交渉といった事柄が、日記体など織り交ぜた文体で書き分けられているのです。このノートを、「自由な女たち」の章に登場する人物たちが読む、といった場面もあったりして、複数の物語が相互に補完し合う構成になっています。この小説が実験的だと言われてきたのも、地の文への「挿入」という体裁をとるこれらの長いノート群が、ことさらに断片的かつ分断的で、小説という形式の安定を壊しているように見えるからでしょう。そうした中でとくに目につくのは、ノートという設定ならではの文章の「ゆるさ」です。

　一例をあげてみましょう。次に引用するのは、アナ自身の分身とも思えるエラという人物を主人公にして、小説らしきものが綴られていく「黄のノート」からの一節です。

　On the last evening of their collaboration Jack drives Ella home. He is married, has three children, is aged

about thirty. Ella likes him very much. She offers him a drink, he goes upstairs with her. She knows the moment will soon approach when he will invite her to make love. She is thinking: But I'm not attracted to him. But I might be, if only I could shake off the shadow of Paul. How do I know I won't be attracted to him once I'm in bed? After all, I was not immediately attracted to Paul. This last thought surprises her. She sits listening, while the young man talks and entertains her, and is thinking: Paul always used to say, joking, but really serious, that I had not been in love with him at first. Now I say it myself. But I don't think it's true. I probably only say it because he said it. . . . but no wonder I can never work up any interest in a man if I'm thinking all the time of Paul. (434)

　一緒に仕事をした最後の晩、ジャックはエラを家に車で送る。ジャックは結婚していて、三人の子供がいる。年は三十くらい。エラは彼のことをとても気に入っている。彼女は飲み物でもいかが、と勧め、ジャックは一緒に二階にあがる。彼女にはわかっている。まもなく彼がセックスに誘ってくる瞬間が訪れることを。彼女はこう考えている。別に彼に惹かれてないのに、と。でも、ひょっとしたら惹かれるかも。ポールの影さえ振り払うことができれば。一緒にベッドに入れば、好きになるかもしれないじゃない？　ポールのときだって、すぐ惹かれたわけじゃなかった。この最後の考えに、彼女はびっくりする。ジャックが楽しい話をしてくれる間、彼女は坐って聞くだけ。そして考えている。ポールはいつも言ったものだった。冗談めかしてはいたけど、けっこう本気で。私がはじめは彼のことを好きじゃなかった、と。今や、あたしは自分でも言ってる。でも違う。きっと彼に吹き込まれたから言うだけ……それにしても男に興味を持てないわけだ。いつもポールのことばかり考えてるんじゃ。

スピード——ドリス・レッシング『黄金のノート』

まるで芝居のト書きのようなそっけない書き方です。必要最小限の情報だけが提示され、出来事は時系列に沿って粗筋のようにして並べられているだけです。時制も現在。小説というよりは小説のスケッチとも見える。つまり、作品と呼ぶのがはばかられるような、作品未満の文章。製品というよりは、部品。あるいは原材料。

なぜ、こんな作品未満の文章が、小説の一部として通用しているのでしょう。しかも、『黄金のノート』の多くの部分は、このように工夫もひねりもないような、粗雑にさえ見える文章から構成されているのです。

しかし、この抜粋部をあらためて読んでみると、そこにまったく何もないわけではないことに気がつきます。まず、少なくとも文章はたいへん軽快に読めます。He is married, has three children, is aged about thirty. Ella likes him very much. のように、いかにも英語的な並列と省略のリズムがあって、どんどん前に読み進めていけるなめらかさがあります。心理の流れもたいへんテンポ良く描かれる：She is thinking: But I'm not attracted to him. But I might be, if only I could shake off the shadow of Paul. How do I know I won't be attracted to him once I'm in bed?

ただ、同時に、この「軽快」という言い方にはやや注意した方がいいかもしれません。この文章、不思議なほど「快」の要素を欠いているのです。「快」の要素とは、たとえば謎が提示されたり解消されたりするとか、視界が広がっていくとか、あるいは洒落た言い回しや比喩でこちらを楽しませるといった、しばしば「サービス」と呼ばれたりもする仕掛けのことです。そ

うした牽引装置のおかげで、私たちは文章を心地良く読むことができる。しかし、この箇所ではそうしたものがことごとく排除されているのです。男と女が夜を伴にするとなれば、ドキドキさせてサスペンスを作り出したり、あるいはうっとりとした陶酔に浸らせたりするには格好の場面なのに、そういう盛り上がりの要素を排し、How do I know I won't be attracted to him once I'm in bed? After all, I was not immediately attracted to Paul. なんていう即物的な言い方をする。こうした述懐は、もっとじくじくと書きこめば、これだけで何十頁という描写になりそうな、きわめて「小説的」な葛藤のタネを宿しているように思えるのですが、実に淡泊に処理されているのです。

　つまり、こうした箇所のなめらかさは、「軽」の部分だけが妙に突出した、上滑りするようなものとも言えます。しかし、一見味気ないように思えるけど、それでいて速度だけは出ているような感じもする。頭も心もそれほど満たされないけれど、論理や感情といった尺度では測れないような何かが刺激されつづけているような。

　これは一種の躁状態に似た速度感かもしれません。何かを知りたいとか、何かが気になる、何かを感じるといった、読書体験につきものの欲望に駆り立てられた疾走感ではなく、もっと非欲望的に、もっと無根拠に走らされているような気分。これはいったい何なのでしょう。

割り算でする読書

　しばしば私たちは、文章を読むという行為を、ひとつひとつ要素を組み立て積み上げていくような、知的な「足し算」とし

スピード ——ドリス・レッシング『黄金のノート』

てとらえがちです。しかし、実際には私たちの情報処理というのは、必ずしも止まっているユニットの上を一歩一歩辿ることで蓄積的になされるわけではありません。たとえば、人間の視線というものは対象を追う際にどうしてもジャンプする、ということが指摘されています（池田 40）。文章を読むときであろうと、絵を見るときであろうと、眼は一定の速度でスムーズに動くわけではなく、ところどころに飛躍をはらむような動き方をする。聴覚の場合も、集中して何かを聞いていないとどんどん雑音を拾ってしまうという経験は、誰もが持っているでしょう。視覚にしても聴覚にしても、意味を形成するための知覚というのは、根本のところでたいへん不安定で、流動的にできているのです。「読む」という行為は、すでに読書に先だって、あるいは文章に先だって動いているとさえ言えるのかもしれません。

　漫画の例を考えてみましょう。漫画では一般に頁を「コマ」と呼ばれる枠で分割していますが、線で分割されたにすぎないユニットを、なぜ私たちは物語的な連続感とともに受容できるのか、考えてみると不思議です。竹内オサムや伊藤剛といった漫画研究家は、このあたりの問題について詳細な考察を行っています。伊藤は、そもそも「コマ」などというものがなくても人はそこに漫画的な物語を読んでしまうのだということを、コマを破壊した実例を提示しながら説明していますが、こうした議論から出てきそうな結論のひとつは、「人間の目というのは、放っておいても勝手に連続を読んでしまう傾向がある」という見方です。運動は目の中に潜在的に備わっている。外からの刺激によって駆動されなくとも発生しうるのです。だから、「読む」

という行為はたしかに足し算のようなものとしてとらえることもできるけれど、場合によっては、すでに生じている運動がどう分割され、制御されるのかという、つまり割り算のような行為としても受け取ることができるのかもしれない。[1]

こう考えてくると、『黄金のノート』の独特なスピード感について、ひとつの説明ができるように思えてきます。この無根拠な速度感というのは、人間の目や意識に潜在的に備わっている運動を解放するようなものだと考えられないか、ということです。欲望に駆り立てられなくとも、人間は勝手に動き、勝手に意味を生成し、いや、そもそも勝手に存在し、勝手に生きてしまう。

そのせいかもしれないのですが、引用箇所のようなそっけない文章は、無根拠で非欲望的であるだけに、殺伐とした速度ばかり感じられそうなところ、意外にうっすらとした心地良さも醸し出しているように感じられるのです。欲望に圧迫されているとき特有の、ひりひりするような切実感を欠いているからこその、楽ちんな浮遊感とでも言うのでしょうか。この浮遊感のおかげで、サスペンスだの、意味だの、目的だのといったものがことごとく抑制されているこの600頁を、意外なほどの心地良さで読むことができるのではないか。あるいはもっと言えば、アナという女性の、いわく言い難い生命感のようなものをこの小説から感じとれるのは、この上滑りするような躁的な疾走感を通して、意味やら、欲望やらに先だって存在している生命のうごめきのようなものが、きわめて原初的な体験として読者にも感じられるからではないでしょうか。

スピード──ドリス・レッシング『黄金のノート』

生命の過剰

　中心となる章が「自由な女たち」(Free Women) と題されていることにも表れているように、『黄金のノート』は「解放」(freedom) を書いた小説です。しかし、「解放」は必ずしも快楽ではない。むしろその苦しさを書くことがこの作品の要諦だとも言えます。作品中のあちこちに「ヒステリー」という言葉が出てきますが、主人公のアナはしばしば運動や生命の過剰とも言えるような、躁めいた気分の動揺に悩まされており、そのことを自分でも自覚しています。そうした場面は、先ほどの上滑りがさらに昂進したような文章で描かれます。次にあげるのは、リチャードによる性的な誘いを拒絶し、地下鉄に乗ったアナが一種のパニック障害に襲われる部分です。

　She went to the nearest underground, not thinking, knowing she was in a state of near-collapse. The rush hour had begun. She was being jostled in a herd of people. Suddenly she was panicking, so badly that she withdrew from the people pressing towards the ticket booth, and stood, her palms and armpits wet, leaning against a wall. <u>This had happened to her twice recently at rush hour. Something is happening to me, she thought, struggling for control.</u> I'm only just managing to skate on the surface of something — but what? She remained by the wall, unable to move forward into the crowd again. (372; 下線筆者)

　彼女は最寄りの地下鉄の駅に行った。頭の中はからっぽだった。今にも倒れそうだということがわかっていた。ラッシュが始まっていた。人の群れの中でもみくちゃになった。突然、怖ろしくなった。あまりに辛かったので、改札に向かう人の流れから身をひき、壁に寄りかかった。

手のひらと脇の下は汗だくだった。最近同じようなことが二度ほど、ラッシュのときに起きていた。自分はおかしい、と彼女は思った。何とかしようとした。自分は何かの上をどうにかして滑ろうとしているだけだ——でもそれは何？　彼女は壁際にいつまでもいた。再び群衆の中に歩みいることができないのだ。

....

　事態の深刻さのわりに、相変わらず文章は運動性と浮遊感に満ちた、そういう意味では生命的なものだと言ってもいいでしょう。たとえば下線を引いた This had happened to her twice recently at rush hour. Something is happening to me, she thought, struggling for control. など、困難を自覚したアナが、じっとっと考え込んだり、深々と悩んだりする余裕も与えられず、「はい、つぎ」、「で、つぎ」とばかりに、状況に押し流されていく様子がよく表されています。こうした焦燥感は陽気とは言えないまでも、どこか活動的なものです。元気さが読める。

　生命の過剰はまちがいなく苦しいことなのです。しかし、アナは、というよりレッシングは、そこに生ずる心の動きを細かく書き分けたり、その微妙な襞に踏みこんだりはせず、むしろそれを徹底的にフラットで奥行きのないものとして怒濤のような流れの中に描き出すことで、生命の過剰に苦しむ意識そのものの、それでもそこに顕現してしまう生命力を、呪わしくもあり祝福すべきものでもあるような運動として表現しているのではないでしょうか。今の引用箇所では、アナの内省的な視線が並列的・省略的なリズムに呑みこまれ、まさに skate on the surface of something という状態になっていますが、そのような滑走感は、感情やら理念やらをいちいち祭り上げたりしない、たいへんマテリアルな意識から生まれていると言えるでしょう。

スピード──ドリス・レッシング『黄金のノート』

マテリアルと言えば、アナはマルクス主義に入れあげるのだったな、とか、アナの友人の息子で、ピストル自殺を図り、結果、盲目になったトミーは、最後は社会活動にのめり込むのだったなといったことも思い浮かんでくるわけです。

　こうした平板な滑走感が、小説というものを成立させにくくすることは間違いありません。たしかに『黄金のノート』という作品の長さには、終わることの難しさが体現されています。「小説」としては失敗だ、という言う人もいるかもしれません。しかし、この小説を擁護する人は、この失敗の感覚こそが大事なのだと言いそうな気もします。作中、夢と現実の錯綜や自己分裂的な状況を通して、何度か現実感の喪失が書かれますが、その根本にあるのは、性にまつわるさまざまな神秘や理念が失われてしまったという崩壊の感覚です。すべてが既視感と退屈さの中で、色褪せてみえる。だから、小説としての「落としどころ」も見えなくなる。小説が終われなくなる。にもかかわらず、読んでしまう。

　次に引用するのは、アナがパートナーとの性を描いた箇所です。おそらく『黄金のノート』の、「つい、読んでしまう」という不思議な感覚を例示するのにちょうど良い箇所かと思います。

　I read the last paragraph as if it were written about someone else. The night after I wrote it, Saul did not come down into my room to sleep. There was no explanation, he simply did not come. He nodded, cool and still, and went upstairs. <u>I lay awake and thought of how, when a woman begins making love with a new man, a creature is born in her, of emotional and sexual responses, that grows</u>

in its own laws, its own logic. That creature in me was
snubbed by Saul's quietly going up to bed, so that I could
see it quiver, and then fold itself up and begin to shrink.
Next morning, we had coffee, and I looked across the table
at him (he was extraordinary white and tense-looking)
and I realized that if I said to him, Why didn't you come
to my room last night, why didn't you make some kind
of explanation for not coming, he would frown and go
hostile. (536; 下線筆者)

　私はすぐ前の段落を、まるで誰か他の人について書かれたもののように読んだ。私がそれを書いた翌晩、ソールは私の部屋には寝に来なかった。何の説明もなかった。ただ来なかった。彼は淡々と静かにうなずいてみせ、二階に行った。私は眠れぬまま横になっていた。考えていたのは、女が新しい男と寝るようになると、女の中にどんなふうに感情的、性的な反応として自身の法則と論理を持った新しい生き物が生まれるか、ということだった。私の中のその生き物は、ソールが静かに二階のベッドに向かったことで抑えつけられてしまった。私にはその生き物が身を震わせ、身をまるめて縮んでしまうのがわかった。翌朝、私たちはコーヒーを飲んだ。テーブル越しに彼に目をやってみて（彼はとても青白い顔をして、気が張りつめているようだった）、ここでもし私が、どうして昨日の夜、部屋に来てくれなかったの？　なぜ来ないのか、どうして何かしら説明してくれなかったの？　と訊いたりしたら、彼は気分を害して突っかかってくるだろうと思った。

性やそれに伴う感情の動きが、離人症とも見えるような淡々とした筆致で描かれます。別に常人離れした体験でもなければ、非日常的な異世界めいた出来事でもない、むしろ凡庸と呼んでも差し支えないほど、どこにでもありそうな男と女のすれ違いの風景なのですが、その描き方はなかなか変わったものです。

スピード——ドリス・レッシング『黄金のノート』

とくに下線を引いた箇所は『黄金のノート』全体に行き渡る空気のようなものを、かなり純度の高い形で表しているように思えます。重要なのは、when a woman begins making love with a new man, a creature is born in her, of emotional and sexual responses, that grows in its own laws, its own logic. というようなところです。「新しい愛の関係が築かれる」とでも言えそうなのに、こともなげに a creature is born in her と言ってしまう。この分離の感覚。するっと生み落とし、どんどん前に進むのです。そしてうまく行かないとなると、こんどは平気で、then fold itself up and begin to shrink などとも言う。接続し関係することについて、驚くほど無頓着なのです。アナをはじめ、登場人物たちはそれなりにこだわったり、悩んだりするようなのですが、語りの眼がそれをあっさりと裁断してしまう。

　レッシングの文章では、「笑い」が抑えられています。少なくともこちらを笑わせようというような媚態はあまり感じられず、すべてが硬質な愛想の無さとともに進行する。これだけスピード感があり、言葉にだぶついたような過剰感もあるのに、それを饒舌体とは呼びにくいのはそのためです。馴れ馴れしさとか、親しさがない。しかし、「笑い」が封印され、と同時に「怒り」だの、「悲しみ」だのといったウェットな感情も抑え込まれた中で、身体の奥の方から出てくるような、名前のない生の興奮がぬっと現れる。それがぽんと放り出される。

　一般にまとわりつくようなべっとっとした読者への歩み寄りは、語り手の自己愛や接近感から発することが多いわけですが、『黄金のノート』では語り手自身がどんどん異なるものとして生まれ変わり、離れていく。読者からも遠ざかっていく。「自己同一

性」のようなものにはあまり縛られていないのです。それを疎外などと呼び始めると、ちょっと勿体ぶった感じになってしまいます。それよりは私たちが長く親しんできたきわめて20世紀的、もしくは21世紀的な倦怠感と、その派生としての低空飛行的な「ゆるさ」のようなものの表現としてとらえてはどうでしょう。拘泥し積み上げることでではなく、飽きたり、放り捨てたり、分離したりすることで前に進もうとする文章。やや殺伐とし、貧しく、散逸的で、怒りや悲しみよりも、形にならない嫌悪感のようなものを宿した文章。でもその底にはいつ肯定的なエネルギーに転じてもおかしくないような、むずむずした生命の力が胚胎している。そんな文章は、一緒になって駆け足にでもならなければ、なかなかうまく読むことはできないのかもしれません。

ドリス・レッシング（1919- ）
ペルシア生まれの小説家。南ローデシア（現ジンバブエ）に家族で移住し、結婚、離婚、再婚などを経て、1949年にイギリスに移住、アフリカ体験に基づく処女作『草は歌っている』(1950) を発表する。『黄金のノート』(1962) は断片的なスタイルやメタフィクション的構造を用いて、一人の女性の人生を包括的に描きながら、マルキシズム、フェミニズム、精神分析を検証する大作となっている。他に、教養小説的枠組みで個人の意識と社会との関係を追求した「暴力の子供たち」五部作 (1952-69)、文明と進化について壮大なスケールで考察した「アルゴ座のカノープス」のSF五部作 (1979-83) など。2007年、ノーベル文学賞受賞。

スピード——ドリス・レッシング『黄金のノート』

注
1　このあたりの問題は拙著『スローモーション考』(南雲堂)の第二章で詳しく扱っています。

chapter 6

カッコ
―――エリザベス・ギャスケル『クランフォード』

句読点は馬鹿ではない

　句読点を馬鹿にしてはいけない、そんな意見が、とくに英語圏で教育に携わる方から聞こえてくることがあります。「最近の学生はほんとにレベルが落ちた。まともにパンクチュエーションが使えないんだから」といった愚痴です。論文指導の授業で、「博士論文の審査では、私はまず引用文からチェックします。それから句読点」と宣言する先生もいます。

　もちろん反論もあるでしょう。日本語の句読法ほどルールが不完全でないとはいえ、英語のそれも18世紀に整えられた比較的新しい約束にすぎません。コロンとセミコロンの使い分けをはじめ、今でも用法の明瞭でない部分もあります。文章表現のやや外側にある、どちらかというと些末で形式的な部分を担うのが句読法だという常識のようなものは、英語のネイティヴスピーカーの間でも共有されています。果たしてこれで知性のレベルを測れるのか。

　しかし、たとえ句読点がその時代限りの、その場所限りの、あるいはその書き手固有のバイアスを反映する、いささか不安定なものであるとしても、表現の一部であることには変わりありません。句読点の使い方に注目することで見えてくる文章作法の流儀はある。使用法が完全に規則化されていないからこそ、そこに使用者なりの思考法や表現のパタンが表れるという見方ができるのです。そこでこの章では、句読点の中でもとくにカッコの使い方に焦点をあててみようと思います。

　サンプルとしてとりあげるのは、エリザベス・ギャスケルの『クランフォード』（1853）です。舞台はクランフォードという田舎町。ここに住む、経済的に比較的恵まれた未婚の中高年女

カッコ──エリザベス・ギャスケル『クランフォード』

性たちが主人公です。彼女たちの生活にちょっとしたさざ波が立つ。さらには悲しい出来事が起きたり、脅威が迫ったり、しかしそれでもどうにかこうにか人々はやっていく。「イングランドで書かれたもっともイングランド的な小説」と言ったときに、おそらく真っ先にあげられるのがこの『クランフォード』という作品ではないでしょうか。何となく田園的で、何となくメランコリックで、何となく皮肉で、何となくご飯がまずそう。でもどことなく明るくもあり、しみじみ、ほのぼのさせるような「懐かしさ」も感じさせる。まさに逆オリエンタリズム。イングランドをエキゾティックな商品として売りに出すときに、チャームポイントになりそうな要素が一通り揃っているのがこの小説なのです。[1]

『クランフォード』はもともと『おなじみの言葉』(*Household Words*) という雑誌に連載されたもので、ひとつの大きなプロットを持った構築物というよりは、短いエピソードがゆるやかに統合された、スケッチの集積のようなところがあります。一気呵成に進行する作品ではなく、途中、劇的な展開がいったんお休みとなり、クランフォードの人々の風俗習慣がじっくり描き出されたりします。

たとえば第五章はそういうひと休みのひとつで、「経済観念」が話題になります。クランフォードの人々は贅沢(extravagance)を嫌い、無駄（waste）が許せない。以下にあげるのは、バターをめぐる人々の振るまいに注目した箇所です。

Small pieces of butter grieve others. They cannot attend to conversation because of the annoyance occasioned by

the habit which some people have of invariably taking more butter than they want. Have you not seen the anxious look (almost mesmeric) which such persons fix on the article? They would feel it a relief if they might bury it out of their sight, by popping it into their own mouths, and swallowing it down; and they are really made happy if the person on whose plate it lies unused, suddenly breaks off a piece of toast (which he does not want at all) and eats up his butter. They think that this is not waste. (52)

　わずかばかりのバターでも気になるという人もいます。いつも必要な分以上のバターを取る癖のある人がいて、そういうのを見ていると落ち着かなくて人とゆっくり話もできなくなる。そんな人たちが心配そうに（ほとんど催眠術にかかったみたいに）じっと余ったバターを見つめる眼差しをご覧になったことがありますか？　とにかく目につかないところに隠してしまえればほっとするのでしょう。自分の口にひょいと投げ入れ、呑みこむなりして。またそういう人たちは、バターを皿に残した人が、突如トーストをちぎって（もうお腹いっぱいなのに）、残ったバターを始末したりすると、このうえなく嬉しくなるのです。これなら無駄ではないと思うのですね。

思わず「あ、それ、あるよね」と反応したくなる描写です。たしかにバターというのは、取りすぎることがある。しかも、自分のはそうでもないけど、人が取りすぎた分は妙に気になる。よく見てますねえ、と言いたくなる精妙な観察眼です。[2]

　ところでこの一節では二カ所にカッコが使われています。「(almost mesmeric)」のところは、他人が取りすぎたバターを心配そうに見つめる人の視線をいったん anxious と形容しておいてから、「ほとんど催眠術にかかったような陶然とした目 → 吸い寄せられたような目」と付け加えています。ふたつ目の

「(which he does not want at all)」では、取りすぎたバターを使いきるためにパンを食べるという、そのパンについて「ぜんぜん食べたくもない」けど、と想像しています。どちらもちょっと遅れて、こっそり言葉を付加するためのカッコです。その逃げるような素早い挿入に、語り手のいたずらっぽい皮肉な視線がよく表れています。

しかし、ここでのカッコの効果はそれだけでしょうか。たとえば英語にはコンマやダッシュといった別の記号もありますし、そもそもこのような記号を用いた「中断」を行わなくても、別のやり方で同じような内容を伝えることはできそうです。なぜカッコでなければならないのか。

こんなことに注目するのは、ギャスケルの使うカッコが、どうも先ほど数え上げたような、この小説の全体を覆う雰囲気と関係しているように思えるからです。つまり、メランコリックで、皮肉で、でもしみじみと懐かしいような、いかにもイングランド的な空気。イングランドを、まるで一種の異境のように強烈に意識させる匂い。こうしたものを際立たせるのに、ギャスケルのカッコがあるおもしろい効果を発揮しているようなのです。

カッコの心理

ここで念のために英語のカッコ (round brackets / parenthesis) の用法を確認しておきましょう。そもそも英語の句読法は初期近代の印刷術の発達とともに洗練されてきたもので、当初はあまり統一性がなく、印刷工の趣味に追うところが大きかったようです。が、そうした中でもカッコについては、すでに16世

紀に、文の構造をさまたげずに挿入を行うために使う、といった規則が意識されていたようです（ラス　22）。その後、句読法の規則は次第に整備され、切れ目を示すための記号には明確なヒエラルキーが築かれました。現在私たちが教わる英語文法では、一番大きなレベルの句切れは文末に来るピリオド（もしくはフルストップ）。それから文よりも一段小さい「節」の切れ目を示すコロンやセミコロン。そして文や節の中の切れ目を示すコンマがあります。ただし、これに加え、コンマと同じように文中に切れ目を作るものがある。それがダッシュやカッコなのです。現在の *MLA Handbook*（『MLA英語論文の手引き』）では、コンマ、ダッシュ、カッコの用法は次のように区別されています。

Dashes make a sharper break in the continuity of the sentence than commas do, and parentheses make a still sharper one. . . . Your writing will be smoother and more readable if you use dashes and parentheses sparingly. Limit the number of dashes in a sentence to two paired dashes or one unpaired dash. (87)

ダッシュは文の中にコンマよりもはっきりとした切れ目をつくる。カッコの場合は、その切れ目がさらに明確になる。（中略）ダッシュやカッコを使い過ぎないほうが、文章はなめらかになり、読みやすくなる。一文の中で使うダッシュはせいぜいひと組か、ひとつにすべきである。

コンマよりもはっきりした切れ目を示すのがダッシュ、ダッシュよりもさらに明確に切るのがカッコということです。こうした記号はもちろん必要に迫られて使うわけですが、文章の基本は

カッコ──エリザベス・ギャスケル『クランフォード』

先へ先へという線的な流れですから、記号による切れ目が多すぎると読みにくくなる。だから *MLA* では「ダッシュは、一文の中にせいぜいワンセットにしなさい」などというアドバイスをしているわけです。

　ところで「カッコ」を表す parenthesis という単語の意味には、「丸カッコ」（round brackets）の他に、「幕間」（interlude）とか「休憩」（interval）といったものもあります。また現在は使われなくなりましたが、18世紀頃までは「余談」（digression）という意味もありました。つまり、たしかにカッコというのはコンマやダッシュのように「切れ目」と「挿入」を示すための文法記号のひとつなのですが、それが parenthesis という語をあてがわれたことにも表れているように、歴史的に見てその切断感や逸脱感は、コンマやダッシュのそれとはやや異質なものと見なせるのではないかと思うのです。単なる記号としても使われるけど、場合によっては文章の中に、ひとつのエアポケットのような、治外法権のような空間を作ろうとする、そうした「カッコの心理」とでも呼ぶべきものが parenthesis の使用には伴うのではないか。

　カッコの心理とはどのようなものでしょう。たとえば私たちは日本語で文章を書くときには、いつ、どのような理由でカッコを使うか。何かを言っておかなければならない、でも、わざわざ本文で言わなくてもいい──これがまずは第一義的な用法かもしれません。あまりいろんなことを言うと、文の流れが乱れ、話の筋も見えにくくなるから、重要度の低いところはカッコに押しこみ、読者の注意が逸れないようにする。必要な人だけ参照してくださいね、という態度です。ただ、研究書などで

言質を取られることを警戒するあまり、「ちゃんと言ったからな」とカッコを多用してあれこれ挿入し、かえって話が見えにくくなるということはよくあります。もともと本筋を際立たせるための、身を隠すジェスチャーであるカッコが、それ自体増殖して視界を遮ってしまうのです。

　これはなかなかおもしろい現象ではないでしょうか。本文の声のレベルをひとつ落として、「ここはまあ聞かなくてもいいですからね」と身を潜めるようにして小声で言う、それがカッコの本来の機能なのですが、カッコという記号は文中では「異物」に他なりません。だから、目立たないようにするはずのものがかえって目立ってしまう。第3章でフィリップ・ラーキンの『冬の少女』を取り上げて「小さく言う」というレトリックに注目しましたが、カッコもまた別の意味での「小声」の身振りを体現する表記と考えられるかもしれません。そしてunderstatementの「小声」と同じように、むしろ隠したり言わなかったりすることでこそ、何かを表現することがある。

無意味を宣言する

　では、『クランフォード』のカッコについてもう少し詳しく考えてみましょう。ギャスケルはこの小説でカッコをわりに多く使っているのですが、必ずしもその用法は一義的ではないようです。先ほどの例は語り手の視線の精妙さを示すような、「細かさのカッコ」と言えるものですが、以下にあげる例は少し違います。ここはクランフォードにある二軒の商店が比較されるところです。一方はある程度身分のある立派な客にしか商品を売らないという、ややお高くとまった婦人帽子屋。ミス・バーカー

カッコ——エリザベス・ギャスケル『クランフォード』

とミス・ベティという姉妹がやっている。[3] もう一方は、この帽子屋ではねつけられた客が行くという万屋(よろずや)です。

[. . .] Miss Barkers had caught the trick of the place, and piqued themselves upon their 'aristocratic connection.' They would not sell their caps and ribbons to anyone without a pedigree. Many a farmer's wife or daughter turned away huffed from Miss Barker's select millinery, and went rather to the universal shop, where the profits of brown soap and moist sugar enabled the proprietor to go straight to (Paris, he said, until he found his customers too patriotic and John Bullish to wear what the Mounseers wore) London; where, as he often told his customers, Queen Adelaide had appeared, only the very week before, in a cap exactly like the one he showed them, trimmed with yellow and blue ribbons, and had been complimented by King William on the becoming nature of her head-dress. (74-5)

バーカー姉妹はすっかりこの町のやり方を呑みこんで、自分たちの「上流とのおつき合い」を自慢にするようになりました。しっかりした家柄の人でなければ、帽子もリボンも売ろうとしないのです。お百姓の奥さんや娘さんの多くはむっとして、極上の商品がならんだバーカー姉妹の店を後にし、万屋に行ったものです。そこでは安石鹸や軟砂糖がよく売れたおかげで店主はまっすぐロンドンへ(はじめはパリへ。でも自分の客たちがあまりにジョン・ブル的愛国心に満ちていて、フランスの連中と同じものなど身につけられるか、と言うのでやめた、とのこと)仕入れに行きました。ロンドンではアドレード妃がつい先週、ご覧になっているこれとまったく同じような、黄色と青のリボンをあしらった帽子をかぶって姿をお見せになりましたよ、などとお客には言うわけです。ウィリアム王も妃の帽子が似合っているとお褒めだった、などと。

89

Mounseers というのは Monsieur のことですが、ここでは店の主人のやや野卑な言い方を真似てこういう綴りにしている。このことにも表れているように、ここでのカッコは実際の発言をそのまま引用することで、間接話法の中に思いがけず直接話法的な瞬間を導きこみ、刹那の臨場感のようなものを作っています。もちろんお客の反応に合わせて「パリ」から「ロンドン」へと行き先を変える店主のおかしさが、カッコのおかげで、いかにも「ここは笑うところですから」とばかりに引き立てられてもいます。

しかし、そうかと思うと、次のようなカッコもあります。これは上記引用のすぐ後の一節です。

And when Miss Barker died, their profits and income were found to be such that Miss Betty was justified in shutting up shop, and retiring from business. She also (as I think I have before said) set up her cow; a mark of respectability in Cranford almost as decided as setting up a gig is among some people. (75)

そしてミス・バーカーが亡くなると、それまでに十分な稼ぎがあったので、妹のミス・ベティは店をたたんで、仕事から身を退くことができました。彼女はまた、(前にも言ったと思いますが)自分の牡牛を飼いはじめていました。クランフォードではこれは良い家柄の印なのです。ちょうどギグ馬車が、ある種の人々にとってそうした意味を持つことがあるのと同じです。[4]

このカッコは今までに引用した箇所のカッコとは違い、皮肉やおかしさを狙ったものではありません。「前にも言ったと思うけど」と念のために断っているだけで、実質的な意味はほとんど

カッコ──エリザベス・ギャスケル『クランフォード』

ない。しかし、実質的な意味がないだけにかえって気にもなります。なぜわざわざこんなことを言うのでしょう。

　実はこの最後のカッコの例にこだわってみると、今まですでにあげたカッコにも共通する、ある重要な要素が浮かび上がってきます。一見意味のなさそうなこの (as I think I have before said〔前にも言ったと思いますが〕) という挿入に意味があるとすると、それはまさに「私は意味のないことを言ったりもしますよ」と言わんばかりの、語り手の態度の表明なのではないかと思うのです。『クランフォード』で頻用されているカッコというのは、「これはたいして言う必要もないことだ」という、些末さや無意味さのジェスチャーとして機能しているのではないでしょうか。

柔らかい遠近法

　わざわざ「これはたいして言う必要もないことだ」と示そうとするなどと言うと、戸惑う方もおられるかもしれません。しかし、文章にはつねに意味があるわけではありません。いや、意味はつねにあるのですが、場合によっては意味がないことで初めて意味を持つ文章もある。「意味なんかない」とことさらひけらかすことで、効果を発揮するもの。その最たるものが冗談でしょう。「どうだ、おもしろいだろ」という落ちのあるような冗談ではなく、もっとかすかな、くすぐりのような、あるかないかというレベルで発生するもの。じっと見つめてしまったらおもしろくなくなってしまうもの。

　その背後にあるのは、冗談を含めた、人々のさまざまなやり取りや振る舞いに漂う無意味さや平凡さ、つまらなさや代わり

ばえのなさなどを感じ取る語り手の目であり、さらにそこから平和、やすらぎ、諦念といった気分も生まれれば、いとおしさや哀しさ、虚無感といったメランコリックな空気も生ずる。これらすべてをまとめる言葉があるとしたら、それは「日常性」という語かもしれません。

　つまり、『クランフォード』のカッコは、私たちが通常「ありふれた」とか「日常的な」として切り捨てたり語らなかったりするものを拾っていこうとする感性を体現しているのです。そうしたものを正面切って語ってしまったら、日常の日常らしさが壊れてしまう。あくまで日常の無意味さや些末さを保存したまま語るには、カッコという装置を使って、本文から一段隔ってみせる必要があるわけです。そうすることで、中心となる物語を進行させつつ、なお、その物語を包みこむような気配をちらっちらっと漂わせることができる。

　そういう意味では『クランフォード』は語りの遠近法を実にうまく使った小説だということができるかもしれません。カッコの中で言われることは、本文に対して微細であり、小声ゆえの接近感もあり、だからこそあまり価値がなかったり、意味がなかったりもする。語り手は本文とカッコとの間を行き来することで、意味のあることも言えば、意味のないことも言うような、遠近自在の自己像を提示するのです。

　そして忘れてはいけないのは、こうした遠近法のメカニズムがさらに奥行きを持ち、もっと大きな世界を語るのにも役立つということです。小説世界の基調となるのは、田舎町のブルジョア婦人たちののんびりした日常風景なのですが、ときとしてそこでは驚くほどドラマチックな出来事が起きたりもします。つ

カッコ──エリザベス・ギャスケル『クランフォード』

いさっきまで婦人たちに対しディケンズのおもしろさを云々していたブラウン大佐が、あっけなく鉄道事故で亡くなるとか、ふざけて女装したピーターがお仕置きされたために家出し、海軍に入隊して遙か遠方の海洋に旅立ってしまうといった、心理的にも地理的にも日常性をつき破るようなショッキングな事件が発生するのです。

こうした事件にもかかわらず、クランフォードの日常風景が根本のところで揺るがないのは、この小説を語る語り手に、非常にしなやかな「柔」の姿勢があるからだと言えます。この「柔」は、一方ではカッコによる些末さや無意味さの挿入を柔軟に行う、いわば「無意味に対する鷹揚さ」として表れますが、他方ではブラウン大佐の死やピーターの家出といった、暴力的とも呼べるような事態に対する「耐性」としても機能しています。『クランフォード』の語り手は、外から来る力を、実にうまくやりすごすのです。ここでもカッコによる挿入と同じように、語り手は一段レベルの違う言葉を自分の語りに導きこむことで、遠近法を組み立てています。たとえばブラウン大佐の死を知らせるのは、まずは道行く人々の様子であり、それから使いにやったジェニーなのです。

That afternoon we perceived little groups in the street, all listening with faces aghast to some tale or other. Miss Jenkyns wondered what could be the matter, for some time before she took the undignified step of sending Jenny out to inquire.

Jenny came back with a white face of terror. 'Oh, ma'am! oh, Miss Jenkyns, ma'am! Captain Brown is killed by them nasty cruel railroads!' (22)

その日の午後、表に小さな人だかりがいくつもできていて、みなが怯えた顔つきで何かの話に聞き入っているのが目にとまりました。ミス・ジェンキンズはいったい何かしらと思っていましたが、しばらくしてから、はしたないとは思いつつもジェニィに、何だか訊いてきて、と言いつけました。
　帰ってきたジェニィは、恐れおののいて青ざめていました。「たいへんです！　ジェンキンズさん、たいへん！　ブラウン大尉があのおっかない鉄道めのせいで死んだんですって！」

自分では直接には語らず、あくまで他者の言葉として引用する、そういう過程を通して「強烈な意味に対する耐性」が生み出されます。こうして身近なものや小さいものをきちんと拾いつつも、激しく強大で暴力的なものをも受け止めるような、『クランフォード』特有の柔らかい語りが整えられるのです。その土台をなすのは、日々延々とおしゃべりしながら噂をやり取りし、外からやってくる力に一種の畏怖とともに「まあ、たいへん」とおののきつつも、案外自分自身の生活のペースは乱さず、堅固な日常を守って生きていくブルジョア婦人たちのしぶとさだと言えるでしょう。その物語からは、ほぼ完璧に「男」が排除されている。自己主張したり、異議申し立てしたりするような「男の論理」を拒絶することでこそ、『クランフォード』の世界は「柔」を完遂したのです。

カッコ——エリザベス・ギャスケル『クランフォード』

エリザベス・ギャスケル (1810-65)

イギリスの小説家。エリザベス朝社会のさまざまな階層の人々、特に女性たちを、ユーモアとペーソスに満ちた文体で、道徳的高潔さも保ちつつ、生き生きと描いた。ディケンズとの交流でも知られる。著書に『ルース』(1853)、『シルヴィアの恋人たち』(1863)、『従妹フィリス』(1863-64)、『妻たちと娘たち』(1864-65)、連作長篇『クランフォード』(1853)、伝記『シャーロット・ブロンテの生涯』(1857) など。

注

1 Alyson J. Kiesel はさらに進んで、外の世界とは違う、ある特殊な意味のシステムがクランフォードを支配しているとしています。

2 こうした描写はいわゆる作法書的な視線を感じさせます。『クランフォード』でナラティヴがいかに、作法書的な視線を取り入れているかを論じている研究もあります（メア）。

3 「Barker 家の姉妹」を表すとき、英語では長女は Miss Barker というふうに性を使い、次女以下は Miss Betty もしくは Miss Betty Barker というふうに名を示します。

4 ギグ馬車とは、「一頭引き二輪馬車」のことです。

chapter 7

イタリック体
―― ヘンリー・ジェイムズ『黄金の杯』

「文章読本」と銘打つからには、ヘンリー・ジェイムズの文章をとりあげないわけにはいかないでしょう。ジェイムズというと、まず難しいという印象があるかもしれませんが、難解さというのは文章をきちんと読む上ではむしろ助けになります。第2章でもすでに「小説の読みにくさ」というテーマに触れましたが、読み手について、何か新しいことに気づくようにしむけたり、ある特別な世界に引きこんだりするときに、ふだんの「わかり方」をちょっと脱線させたりずらしたりするという方法はたいへん有効です。

　ただ、ジェイムズの文章の難解さには、通常の「読みにくさ」とはひと味違ったところもあります。たとえばジョイスの『フィネガンズ・ウェイク』やフォークナーの『響きと怒り』のような、読者の容易な進入を妨げる「違和感」や「異物感」はない。構文がまったくとれないとか、とても英語とは思えない不思議な相貌を呈しているということはありません。むしろいかにも英語らしい英語、いかにも文章らしい文章のようにも見える。

　なぜ、英語らしい英語なのに、そう簡単にすらすらとは読めないのか。どうもこのあたりにジェイムズの独特さがありそうです。英語らしい英語、文章らしい文章、さらには言葉らしい言葉、記号らしい記号、意味らしい意味……。ジェイムズの文章がときとして容易には読めないように思えるのは、あまりにも文章らしすぎるからかもしれません。あまりにも文章であろうとする。あまりにも意味であろうとする。私たちはふつう文章を読むとき、まずは意味をとろうとするわけですが、実験的な作品の中には何かを意味してしまうことを拒むかのようなものもあります。これに対し、ジェイムズの作品は徹底的に意味

イタリック体──ヘンリー・ジェイムズ『黄金の杯』

しようとするのです。それが読みにくさにつながることがある。今回はこのあたりの事情について確認したいと思います。手がかりとなりそうなのはジェイムズのある「癖」、すなわち、イタリック体の使用です。前回の句読点のテーマと少なからずつながるのですが、ジェイムズの文章の持ち味は、どうもこのイタリック体の使い方と関係がありそうなのです。

ジェイムズ的難しさとは？

『黄金の杯』は姦通をめぐる小説です。中心人物となるアダム・ヴァーヴァーと娘のマギーは、ジェイムズ作品におなじみの、どこかイノセントなところのある金持ちのアメリカ人。このふたりがそれぞれ、いかにもヨーロッパ的な陰をたたえた美女シャーロット・スタント、イタリア人の貧乏貴族アメリーゴ公爵と結婚する。しかし、どうもシャーロットとアメリーゴは怪しい。過去に関係があったようだし、ひょっとすると今も？　という設定です。

『黄金の杯』は決して短くはない小説なのですが、それほど脱線もなく、物語は「姦通はあったのか、どうか？」という焦点のまわりを旋回するようにして求心的に進行します。その執拗で、息詰まるような凝集感を支えるのは、よく知られたジェイムズの心理描写です。人物の心理を描くに際して、わざと視野を限定することで、奥の方がよく見えないようにし、遠近感を出す。おかげで、相手の心理を読み合おうと目を光らす人物たちの心の動きが、すさまじいほどの緊張感とともに表現されます。会話などの節々にも、「この人はいったい何を考えているのか？」という疑念や猜疑心、「そうか！」という発見、「あれ？」

という意外感などがちりばめられています。

　あまりにも意味しようとする、というジェイムズ特有のわかりにくさが出てくるのはそのあたりです。次にあげるのはすでに物語が佳境に入り、シャーロットとアメリーゴとの関係を疑うマギー（ここでは Princess とも呼ばれます）が、ふたりのことを知っているらしいファニー・アシンガムに相談を持ちかけているところです。アシンガム夫人は、ふたりの間には何もない、と断言する。そんな疑いを持つこと自体が禍々しいとの口調になります。her counsellor と呼ばれているのがアシンガム夫人です。

　　It very properly encouraged her counsellor. 'What your idea imputes is a criminal intrigue carried on, from day to day, amid perfect trust and sympathy, not only under your eyes, but under your father's. That's an idea it's impossible for me for a moment to entertain.'

　　'Ah there you are then! It's exactly what I wanted from you.'

　　'You're welcome to it!' Mrs Assingham breathed.

　　'You never *have* entertained it?' Maggie pursued.

　　'Never for an instant,' said Fanny with her head very high.

　　Maggie took it again, yet again as wanting more. 'Pardon my being so horrid. But by all you hold sacred?'

　　Mrs Assingham faced her. 'Ah my dear, upon my positive word as an honest woman.'

　　'Thank you then,' said the Princess.

　　So they remained a little; after which, 'But do you believe it, love?' Fanny enquired.

イタリック体──ヘンリー・ジェイムズ『黄金の杯』

>　'I believe *you*.'
>　'Well, as I've faith in *them* it comes to the same thing.'
>　Maggie, at this last, appeared for a moment to think again; but she embraced the proposition. 'The same thing.' (407)

　これで彼女の相談相手は大いに勢いづいた。「あなたの考えによると、すっかり気持ちを預けて信頼していると思ったら、日々、破廉恥な陰謀が進行していて、それもあなたの目の前だけじゃなく、お父さんの前でも堂々とそれが行われていたということね。そんな想像、とてもじゃないけど、あたしには無理ですよ」
　「あら、やっぱり！　その言葉が聞きたかったんですよ」
　「それはよかったわ」アシンガム夫人は息をついた。
　「今まで一度も、そんな想像したことがない、ということですね？」マギーはこだわった。
　「一時たりともないわ」ファニーは堂々と胸を張って言った。
　マギーはもう一度それを受け入れたが、もう一度、確証も欲しかった。「しつこくてごめんなさい。神に誓っても、ですか？」
アシンガム夫人はマギーの顔を正面から見た。「いいよ。誠実なひとりの女として、はっきりとそう誓うわ」
　「ありがとう」マギーが言った。
　ふたりはしばらくそのままでいた。それから「じゃ、ほんとうだと信じるの？」とファニーが訊いた。
　「あなたを信じます」
　「まあ、あたしはあのふたりを信じているわけだから、結局は同じことね」
　マギーはこれを聞くとしばらく考えにふけっているようだったが、最後は彼女もファニーの言うことを受け入れた。「同じことですね」

....

『黄金の杯』はそこら中にヤマ場のあるような小説です。この会話はその中でもかなり際立った箇所のひとつと言えます。ふた

りのやり取りを通してなされるのは、表向き、アシンガム夫人からマギーへの「そんなことないわ。思い過ごしよ」というメッセージの伝達なのですが、会話のあちこちで、アシンガム夫人の発言を疑うマギーの気持ちや、疑われていることを感じるアシンガム夫人の自意識、さらには、わざとマギーに猜疑心を起こさせるかのようなアシンガム夫人の挑発的な言い方などが、鋭く危機的な瞬間を生み出しています。

そういう中で大きな機能を果たしているのは、*have* と *you* と *them* という三つのイタリック体です。英語のイタリック体はもともと力点の強調のために使われるもので、ここでとりあえずは意味をきわどく確定するために使われています。

- **you never *have* entertained it?** 「あなたはそんな想像をしたことはないのか？」（→「今、していないとしても、未だかつてしていないとまで言えるのか？ そういうふうに考えたこともあるのではないか？」など）
- **I believe *you*.** 「あなたを信じる。」（→「何かがあったのかどうかはわからないけど、あなたがそこまで言うなら、無理にでも信じる」or「何かがあったのかもしれないけど、あなたの顔をたてて信じたことにする。」）
- **Well, as I've faith in *them* it comes to the same thing.** 「あたしはあのふたりを信じているわけだから、同じことね」（→「あなたは、あたしを信じるというけど、そういうことをいえば、あたしとしてはあのふたりを信じるしかない。」or「あなたはあたしに免じてというけど、あたしもそれならあのふたりに免じて、と言うわ。」）

イタリック体──ヘンリー・ジェイムズ『黄金の杯』

　しかし、もともと意味の明確化のために使われていると見えるイタリック体は、上の訳文に添えた括弧内の言い換えで示したように、実際にはむしろ逆の効果を持つようです。イタリック体を用いた部分では、表向きの素朴な言い方の陰に、もっと複雑で、微妙で、様々に解釈できるようなニュアンスが生み出されてもいるからです。イタリックは単純化につながるのではなく、むしろ複雑化をもたらす。

　これはどういうことなのでしょう。イタリック体はその「強さ」と「限定」の身振りゆえに、本来は意味の確定をこそもたらすはずである。しかし、もしそうはなっていないのだとすると、イタリック的な「突出」は何のためにあるのか、ということになってきます。おそらくここで起きているのは、「意味があるのだ」という事態そのもののクローズアップではないでしょうか。特定の「意味」をクローズアップするかわりに、「意味がある」ということを訴える。しかも、ほんとうならもっと言葉数を費やしてその複雑さを説明しなければいけないことについて、たいへん少ない言葉で表現しているから、意味の充溢と密度の濃さがより強く突きつけられる。

　その結果、イタリックにされた語には大きな負荷がかかります。そこで気になるのは have, you, them といった語が、英語においてふつうはあまり多くを意味しない、ということです。どの言葉も、どちらかというと「つなぎ役」に徹するものばかり。いずれも機能的で黒子的な語です。これはちょっと不思議ではないでしょうか。もし大きな負荷を担わせたいのなら、それなりに重みに耐えられるような、シンボリックであったり、アレゴリカルであったりする表現が使われてもよさそうなもの

なのに、なぜ、こういう軽量級で「意味なさ気」な言葉ばかりが、わざわざ選ばれてこの重要な場面のキーワードとしてイタリック体になっているのか。

　たとえば、次のように考えることは可能でしょうか。ここでのジェイムズのイタリック体には、本来たくさんの言葉を費やさなければならないことを切り詰めて言っているという効率性が感じられるかもしれないけれど、ほんとうに大事なのはむしろ、「言葉数を費やして説明しなければならないのに、それができていない」というためらいのようなものなのではないか。もっと言うと、「ほんとうは違うんだけどね、」とばかりに、本来そうでない言葉が隠れ蓑になっていると自覚する態度そのもの——嘘の意識のようなもの——がジェイムズのイタリック体の眼目ではないか、ということです。そこに表現されるのは、「本来的でない言葉」に、「本来的なもの」が乗っている／隠れているという意識なのではないか。

　もしそうだとすると、ジェイムズの場合、イタリック体という形でその重要さをきわどく強調する語というのは、なるべく重要に見えない語の方がいいということにもなってきます。なるべくふつうで、当たり前で、意味なさそうな言葉。なるべく「そうでない」と見えるような言葉。その一見何もなさそうな場所に、何かがある、という状況をジェイムズは表現したいのかもしれない。だからこそ、have や you や them といった、ごくふつうの語が使われる。

　もちろん、あまりに先走ってはいけません。会話の中で you や them などの言葉に強勢を置き、文意を際立たせるというのは英語の基本中の基本で、日本の高校生でも知っていることで

イタリック体──ヘンリー・ジェイムズ『黄金の杯』

す。2007年のセンター試験でも次のような問題が出されています。

次の問いにおいて、話者が太字で示した語を強調して発音した場合、話者が伝えようとした意図はどれが最も適当か。それぞれ下の①〜④のうちから一つずつ選べ。

Can **you** come to dinner on Friday at eight?

① I know your friend can't come, but can you?
② If lunch is inconvenient, what about dinner?
③ If you can't come on that day, how about Friday?
④ You work until seven? How about an hour later?

(問題文の訳例)
金曜の８時に夕食に来られますか？

①あなたのお友達は来られないようだけど、あなた自身は来られますか？
②もしお昼が都合悪いなら、夕食はどうでしょう？
③その日がだめなら、金曜はどうでしょう？
④７時まで仕事ですか？　ならば一時間後でいかがでしょう？

つまり、youなどという語でもちょっとした強調具合によって、大きな意味の違いを生み出す。これは当たり前のことで、別にジェイムズがはじめて気づいた英語の秘密などではありません。ただ、このセンター試験の問題がはからずも示すのは、Can you come to dinner on Friday at eight? という文が、イントネーションの位置次第では①〜④のいずれをも意味してしまうということでもあります。だからこそ、ジェイムズのイタリッ

ク体のように、「こっちの意味だからね!」としつこく指し示しながら意味の網の目を縫っていくような身振りが可能になる。ジェイムズにとってはこの指し示すような身振りこそが重要なのです。

意味しすぎること

　考えてみると、「意味する」というのは不思議な作用です。「意味する」というときには必ず「AがBを意味する」というふうに、本来同一でないAとBというふたつの要素がつなぎ合わされることが含意されています。つまり、AとBとが異なっていなければ、意味など生じないのです。しかも、かつてソシュールが指摘したように、AとBとの関係は「恣意的」なものであるらしい。無根拠なのです。しかし、実際には私たちはこうした記号の「恣意性」などは意識しません。AとBとが本来無関係であることなどすっかり忘れて暮らし、A＝Bという連結をごく当たり前に受け入れているのです。当たり前さと無根拠さという正反対の要素の共存こそが、「意味する」という作用の根本にある神秘だと言えるでしょう。

　そういう意味連結の惰性を壊そうとするのが、たとえば先にあげたような『フィネガンズ・ウェイク』とか『響きと怒り』のような実験的な作品です。「そう簡単に意味させないぞ」と言わんばかりに、意味作用の困難さを突きつける。そもそも意味がとれないわけだから、私たちがそれを難解さとして感じるのは当然とも言えます。しかし、ジェイムズがやろうとしているのは、そういうことではない。むしろ逆です。どうということのない言葉にイタリック体を使うことで彼が示しているのは、

イタリック体──ヘンリー・ジェイムズ『黄金の杯』

いかに意味が意味してしまうか、ということなのです。こんなに簡単な、こんなにちょっとした、こんなに「意味なさ気」な語なのに、いろいろと複雑なことを意味してしまう、とそんな感覚です。ジェイムズにあるのは、言ってみれば病的なほどの「意味過剰」の意識なのです。

「意味過剰」な雰囲気を漂わせた文章というのは、イタリック体の「強調」のジェスチャにも如実に表れているように、読者に語の意味をすべてを読み取ってもらおうとするような、期待感のようなものを漂わせています。文章のあらゆる部分が意味している。どこをつついても意味がこぼれ出てくる。これはあまりふつうのことではありません。たいていの文章は大事なところとそうでないところの差があり、大事でないところというのは、ちょっと焦点がぼけてもいい。多少ゆるやかに不注意に読んでもやり過ごせるようになっている。ところが『黄金の杯』のジェイムズの文章というのは、どこに何が潜んでいるかわからない緊張感がずっと張りつめています。

そういう文章で起きがちなのは、些細なきっかけから、AがBになり、BがCになり、CがDになり……ついにはYがZになる、というほとんど疫病めいた、意味作用の尋常ならざる連鎖です。典型的な箇所を見てみましょう。次にあげるのはマギーとシャーロットがふたりきりになる場面なのですが、意味作用の連鎖ゆえにたいへん独特な文章になっています。シャーロット（Mrs Ververとも呼ばれています）はある本をマギーから借りようとするのですが、誤って三巻本の書物の第二巻の方を受け取ってしまう。そこでマギー（父がシャーロットと結婚したので、シャーロットから見るとstepdaughterでもあります）

がその後を追いかけて第一巻を届けに行く——たったそれだけのことなのですが、そこからいかに多くの「意味」が生み出されているかが注目のしどころです。

　少し長く複雑なので、おおまかな話の流れを整理しておきましょう。まずはマギーの出現に、シャーロットがびくっとするところが「危機」の芽生えとなります。どうやらシャーロットは、自分が同じようにマギーをびくっとさせたときのことを思い出している。そのときに自分がマギーの心境に与えた影響のことを考え、同じようなことが、こんどは自分自身の心に起きていることに、大いに動揺するのです。こうした「応報」のパタンはジェイムズが好んで用いる展開です。さて、こういうわけで、動揺したシャーロットは、隠蔽したはずのものが表に出てくるのではないかと怖れているのですが、マギーから見ると、いよいよシャーロットが自分の嘘に向き合おうとしているかのようにも見えます。まさに危機一髪。しかし、結局は真実は誰の口からも語られません。そして最後はマギーが、自分が来たのはあくまで本を渡すためだ、怯える必要はない、と示すのです。マギーが、「ほら、これが第一巻よ」と持ってきた本を見せるところでひとまず区切りがつけられます。

At first, clearly, she[= Charlotte] had been frightened; she hadn't been pursued, it had quickly struck her, without some design on the part of her pursuer, and what mightn't she be thinking of in addition but the way she had, when herself the pursuer, made her stepdaughter take in her spirit and her purpose? It had sunk into Maggie at the time, that hard insistence, and Mrs. Verver had felt it and

イタリック体——ヘンリー・ジェイムズ『黄金の杯』

seen it and heard it sink; which wonderful remembrance of pressure successfully applied had naturally, till now, remained with her. But her stare was like a projected fear that the buried treasure, so dishonestly come by, for which her companion's still countenance at the hour and afterwards had consented to serve as the deep soil, might have worked up again to the surface, might be thrown back upon her hands. Yes, it was positive that during one of these minutes the Princess had the vision of her particular alarm. 'It's her lie, it's her lie that has mortally disagreed with her; she can keep down no longer her rebellion at it, and she has come to retract it, to disown it and denounce it — to give me full in my face the truth instead.' This for a concentrated instant Maggie felt her helplessly gasp — but only to let it bring home the indignity, the pity of her state. She herself could but tentatively hover, place in view the book she carried, look as little dangerous, look as abjectly mild, as possible; remind herself really of people she had read about in stories of the wild west, people who threw up their hands on certain occasions as a sign they weren't carrying revolvers. She could almost have smiled at last, troubled as she yet knew herself, to show how richly she was harmless; she held up her volume, which was so weak a weapon, and while she continued, for consideration, to keep her distance, explained with as quenched a quaver as possible. 'I saw you come out — saw you from my window, and couldn't bear to think you should find yourself here without the beginning of your book. *This* is the beginning; you've got the wrong volume, and I've brought you out the right.' (539 - 40; 下線筆者)

はじめは、明らかにシャーロットはびくっとしていた。こうして追跡の形になったからには、追跡する人に何か企みがないわけではないのだ、とすぐさま悟ったからだ。そこでつづけて頭に浮かんでいるのは、何より、自分が追跡する側だったときに彼女自身が、いかに義理の娘たるマギーに自分の気持ちと目的とを思い知らせたかということに他ならないだろう。あのとき、それはマギーの内に浸透した。あの強硬な突きつけが。シャーロットはそれが浸透したのを感じ、目で見、耳で聞いた。そのようにうまく圧力をかけることができたのは、満足すべき思い出となって、今このときまで忘れずにいた。ただ、彼女の視線には、怖れがこめられているかのようだった。裏切りで手に入れて埋めておいた宝を、マギーはそのおとなしい表情の奥に、あのときもその後も埋めてくれると同意してくれたのに、それが表に出てきたのかもしれない、自分の手に投げかえされたのかもしれない、という怖れがシャーロットにはあった。そのとおり、あきらかにマギーにはたった今、シャーロットの恐慌が見えた。「嘘が、嘘がどうしても堪えられなかったのね。嘘に対する拒絶反応をどうしても抑えられなくなって、それを取り消すために、否認して、破棄するために来たのね——私の目の前に、嘘ではなくて真実を差し出そうというのね」。マギーは凝縮された一瞬のうちに、このようなことをシャーロットがあえぎながら口にするのを感じた。しかし、その結果として、シャーロットは、自身のみじめさを、自身の窮状を、痛感するだけなのだ。マギーにできるのはとりあえずうろうろして、自分が手にしている本をことさら目立たせること、そうしてなるべく怖ろしげでないように、なるべくへりくだってやさしそうに見えること。開拓時代の西部の物語に出てきた登場人物のことを思い出すのだ。自分たちは銃など持っていないと彼らが手をあげて示す場面があった。自分が困った情況にあることはわかっていたが、とことん無害であることをシャーロットに示すためなら、マギーは笑みを見せることさえできただろう。マギーは本をかざした。武器にしては何とも無力なものだ。そして相手のことを考えてわざと距離を保ちつつも、なるべく声の震えを抑えながら説明した。「あなたが出てくるのが見えたの。窓から見えたのよ。それでね、ここまで来てから、最初の巻がないことがわかったら、気の毒だと思っ

イタリック体——ヘンリー・ジェイムズ『黄金の杯』

たの。これが出だしの巻よ。そっちの巻は間違い。正しい方を持ってきてあげたわ」

....

出来事はほとんど何も起きていないのですが、文章の上ではいろいろなことが生じてもいます。その核になっているのが下線部を引いた一連の動詞や名詞です。ひと目見ただけで、これらの語に共通のコンテクストがあるのが見てとれるでしょう。frighten, pressure, fear, alarm, harmless といった語は、どれも恐怖にまつわるネガティブな心境を示唆します。ゴシック小説めいた状況が連想されます。これと微妙に重なるようにして、the buried treasure とか the deep soil, pursue, rebellion, revolvers, harmless, weapon といった西部劇のアクションを彷彿とさせるような、ややきな臭い用語もならんでいます。比喩にこのように体系を与え、統一感のあるイメージを作るというのは、どんな小説家でももくろむことでしょうが、ここで大事なのは、これらの語が、すでにあるものをわからせるための「代理」として使われているというよりは、そもそも何もないところに何かを発生させるために、つまり強引に、恣意的に、意味を生じさせるために使われているということです。frighten とか pressure といった心理に関わる語にしても、あるいは rebellion とか revolvers といった具体性の伴う語にしても、結果的に比喩の体系に収まるとはいえ、読んでいくと、ある種の唐突さや無理を感じさせるのではないでしょうか。私たちはこうした語と出逢うたびに、乱暴なほどの強引さですでに見知ってきた世界を読みかえることを迫られます。この読みかえが次々に線的に連鎖するために、こちらはほとんど迷子になりそうになる。

これだけ何も起きていないのに、まるで何かが起きているかのように感じさせる、その秘密はここにあります。今、線を引いた語はどれも現在語られていることを「X→A」という言い換えの形で意味しているわけですが、実際には「X→A」のうちの「X」の部分は実にあいまいというか、あるのかないのかもわからない。ひょっとしたら、何もないのかもしれない。にもかかわらず、語り手は「→A」を語ることについては積極的で、そのため「X→A」の後ろ半分ばかりが増殖します。まさに意味作用の氾濫——「意味の過剰」なのです。

　だから読みにくい。「とても言葉では言い表せない」と口ごもるような文章とは正反対の、饒舌で前のめりなアンバランスさこそがこのパラグラフの難解さの原因です。何しろ、「X→A」の「X→」のところがよくわからないのだから、徹底的に無根拠なのだと言えます。でも、それが魅力でもある。口ごもるどころか、本来的でない言葉に乗って、「これは違うんだけど」とのためらいを抱えつつどんどん先へ進む。そこには何とも言えない熱気や喜悦さえ漂います。何もないはずのところに何かが生まれる増殖感がある。段落最後でマギーがイタリック体とともに言うセリフは絶妙です：*This* is the beginning; you've got the wrong volume, and I've brought you out the right.　本の手違いにからめての、「あたしたち、やり直しましょうよ」というメッセージがまずははっきりと読めます。が、ここでは同時に、*This* というきわめて「意味なさ気」な言葉にさえ意味させてしまうことで、この長い意味作用の連鎖を最後にひとつの「→A」の形に強引にまとめる、イタリック的手際が輝いてもいるのです。『黄金の杯』の全体が、あるいはこの *This* によって

イタリック体——ヘンリー・ジェイムズ『黄金の杯』

意味されてしまうのかもしれません。

> **ヘンリー・ジェイムズ** (1843-1916)
> アメリカの作家。『ヨーロッパ人』(1878)、『デイジー・ミラー』(1878)、『ある婦人の肖像』(1881)など、文化的に成熟しても道徳的には頽廃した旧大陸と、文化伝統には欠けるが無垢なアメリカとの対比を描く小説群から出発。語りの方法を多様に追求し、視点の技法を複雑精妙に駆使することで、人間の錯綜する意識や知覚を顕微鏡でのぞくように微細に明らかにするという小説のスタイルを確立した。他に、『ねじの回転』(1898)、『鳩の翼』(1902)、『使者たち』(1903)、『黄金の杯』(1904)など。評論、劇作、旅行記なども数多く残した。晩年にイギリスに帰化。

chapter 8

眠さ
——ヴァージニア・ウルフ『灯台へ』

本書の読者には、読むことが仕事という方もおられるかもしれません。私も文章を読む機会は多いのですが、最大の悩みは、読んでいる最中に眠くなる、ということです。もちろん読んでいるものに興味がないとか、お昼御飯を食べたばかりで気持ちよくなって、といった外的要因が作用することもあるのですが、それ以上に、そもそも文章というものは読んでいて眠くなるものではないか、という疑念も持っております。たとえ自分にとって面白い文章やすぐれた文章であっても、どこかに眠気の魔力のようなものが潜んでいて、いつ襲いかかってやろうかとタイミングをうかがっている。そして多くの文章は、この眠気をうまく活用することでこそ効果を発揮しているのではないかと思えるのです。

　文章というのは、基本的に読み、わかるためのものです。どんな文章にも「読ませよう」「わからせよう」とする仕掛けがそなわっている。しかし、そこには「読ませまい」「わからせまい」とする力が働くこともある。この連載でも何度か触れてきたように、文章の読み所は、ちょっと難しいような、ぱっと読み流すと意味のとれないようなところにあったりもします。そうした難所では、言葉を受け取るプロセスにひねりが加えられたり、雑音が混じったり、あるいは第7章のジェイムズで見たように過剰に意味的だったりして、通常の受容過程では表現されえないものが露わになることがある。

　こういう読みのヴァリエーションが生じうるのは、文章を読むという行為にもともと散逸・拡散的な要素が備わっているからかもしれません。私たちはどうも、書いてあることを文字通りに受け取らないらしい。よく「行間を読む」などと言います

眠さ──ヴァージニア・ウルフ『灯台へ』

が、そうしたいわゆる「読み過ぎ」に限らず、書いてあることを読み逃したり、読んでも忘れたり、勝手にねじまげたり、連想したりするのが読書というものなのでしょう。もちろん、情報をきちんと伝えようとする文章では、そうした逸脱を限りなく小さくするような工夫がなされるわけですが、反対に逸脱を積極的に引き起こそうとする文章もある。そういうとき、「眠さ」が活用されるのです。

『灯台へ』の迷走

この章ではヴァージニア・ウルフの『灯台へ』を取り上げ、その文章に潜む「眠さ」に注目してみたいと思います。『灯台へ』には、いかにも難しげで難攻不落、構えて突進しないと壁を突き破れないといった難解さはありません。語り口はたいへんソフト。単語も難しくない。のどかな休日の風景の中に、こちらを脱力させるような日常感覚があふれている。仕事や戦争も、とりあえずすぐそこには迫っていない。主役に据えられるのは「男」よりも「女」や「子供」であり、従って作品世界を覆うのもやさしさ、わかりやすさ、調和、傷心、哀切感などで、語り口のソフトさを生かした淡色の抒情が生きています。

しかし、やわらかい心地よさに満たされているのはたしかなのですが、ときどき読んでいて、「？？？　何の話かわからなくなった」という実感を持つこともあります。たくみにこちらの打ち気ならぬ「読む気」を逸らし、読もうとしていることではないことを読ませてしまう。やわらかさや心地よさが、そこでは武器ともなります。こちらの警戒心を解き、集中力を鈍らせ、分析的な視線よりも、うっとりとゆるく字面に翻弄されるよう

な意識にひたらせる。まさに眠りへの第一歩のような体験なのです。

その証拠というわけでもないのですが、まずはお恥ずかしい話をひとつ披露しましょう。少し前にウルフに関する考察を集めた『転回するモダン』という論集に寄稿させていただく機会があったのですが、その中で私は次のような箇所を引用しました。女性画家リリーの頭の中を、「人生の意味」についての考えがよぎる場面です。

What is the meaning of life? That was all — a simple question; one that tended to close in on one with years. The great revelation had never come. The great revelation perhaps never did come. <u>Instead there were little daily miracles, illuminations, matches struck unexpectedly in the dark; here was one. This, that, and the other; herself and Charles Tansley and the breaking wave; Mrs Ramsay bringing them together;</u> Mrs Ramsay saying 'Life stand still here'; Mrs Ramsay making of the moment something permanent (as in another sphere Lily herself tried to make of the moment something permanent). (175-76; 下線筆者)

人生の意味とは何だろう？ ただそれだけ――単純な問いだ。この問いが年とともに自分を包囲してくる。偉大な開示の瞬間は訪れていなかった。偉大な開示の瞬間が訪れることなどないのだ。<u>そのかわり、日々のちょっとした奇跡や光明、闇のなかで不意にマッチが擦られたような体験がある。これもそのひとつだ。これと、あれと、それ。彼女自身とチャールズ・タンズリーと砕ける波。ラムジー夫人がそういうすべてを結びつけること。</u>ラムジー夫人が「みな、じっとして」と言うこと。ラムジー夫人がこのひとときを永遠のものにすること（ちょうどリリー自身が絵を描くという彼女なりの方法でひとときを永遠のものに変えよう

眠さ──ヴァージニア・ウルフ『灯台へ』

とするのと同じ)。

論集でもこの引用には、上記のような私訳を付したのですが、実はこの訳の草稿を編集委員の方にチェックしていただいた段階で、いくつか誤訳と思われる箇所が見つかりました。たとえば、下線部分を私はもともと次のように訳しています。

> そのかわり、日々のちょっとした奇跡や光明、闇のなかで不意にマッチが擦られたような体験がある。これもそのひとつだ。これ、あれ、それも。彼女自身やチャールズ・タンズリーや砕ける波。ラムジー夫人が彼らを呼び寄せること。

下線部分とくらべていただけばわかるように、波線のあたりがちょっと違っています。編集委員の方に指摘されて気づいたのですが、ここでの This, that, and the other のあたりは、次のようなことに気をつけなければならなかったのです。まず、this, that, the other という指示の言葉と、光の中に浮かぶ具体的な対象との間には明確な対応がある、ということ (This = herself, that = Charles Tansley, the other = the breaking wave)。それから、この三つが一度にそこにあり、それが「奇跡」(miracle) の例としてあげられているということも大事です。bringing them together の them を私は何となく「彼ら」と訳したりしていますが、実は them は先行するこの三つのイメージを指しているのであり、「それら」と訳すべきところです。bring も「呼び寄せる」ではなく、「結びつける」が正しい。

　この誤訳は幸い、活字になる前に教えていただいたので助かりました。ただ、言い訳するわけではないのですが、翻訳する

となると、ウルフに頻出する代名詞や指示語、羅列というのは実に厄介です。原文でそのまま読んでいるときには何となく雰囲気で読めてしまう箇所でも、日本語に置き換えてみようとすると案外わかっていない、というか、あらためて頭をひねる必要が出てくる。今の私の誤訳にもみられるように、唐突に出てくるイメージの、その唐突さの鮮烈さに打たれるあまり、実は論理的なつながりがあるのにそれを見逃してしまうということが起きうるのです。

3分で終わる

こうした「つながりがあるんだか、ないんだかわからない」ような淡い連関というのは、たいへん催眠的な作用を持っているように私は思います。論理で思考しようとする私たちの意識をちょっと揺すぶり、明確な疑念もいだかせないまま、何となくさまよわせる。私たちの言語的な覚醒感にヴェールをかけるのです。『灯台へ』はそうした読み手の迷走を、実にたくみに利用している。

このさまよいの手法がとりわけ冴える一節を次にあげましょう。先にも登場したチャールズ・タンズリー（ラムジー家のゲストのひとりで、売れない詩人）が、労働者階級という自分の出自を過剰に意識しているさまを、ラムジー夫人の視点から描いている箇所なのですが、途中、何回か話が飛躍します。

[. . .] What he would have liked, she supposed, would have been to say how he had been to Ibsen with the Ramsays. He was an awful prig — oh yes, an insufferable bore. For, though they had reached the town now and

眠さ──ヴァージニア・ウルフ『灯台へ』

were in the main street, with carts grinding past on the cobbles, still he went on talking, about settlements, and teaching, and working men, and helping our own class, and lectures, till she gathered that he had got back entire self-confidence, had recovered from the circus, and was about (and now again she liked him warmly) to tell her — but here, the houses falling away on both sides, they came out on the quay, and the whole bay spread before them and Mrs Ramsay could not help exclaiming, 'Oh, how beautiful!' For the great plateful of blue water was before her; the hoary Lighthouse, distant, austere, in the midst; and on the right, as far as the eye could see, fading and falling, in soft low pleats, the green sand dunes with the wild flowing grasses on them, which always seemed to be running away into some moon country, uninhabited of men.

That was the view, she said, stopping, growing greyer-eyed, that her husband loved. (16-17)

彼はきっと、とラムジー夫人は思った。きっとラムジー夫妻とイプセンの芝居を観に行ったんです、なんて言いたいのだろう。ひどい気取り屋だから。そう。まったくうんざり。そんなふうに思ったのも、ふたりはすでに街中まで来て目抜き通りを歩き、石畳の道では荷車が音をたてているというのに、タンズリーがいっこうにしゃべりやめないからだった。セツルメントのこと、教育のこと、労働者のこと、自分たちの階級への援助のこと、講義のこと、と立て続け。どうやら完全に自信を取り戻したみたいね、とラムジー夫人は思った。サーカスの一件のことはもう大丈夫みたい。そしてタンズリーは（ここでラムジー夫人は彼に対し再びやさしい気持ちになっていた）彼女に何か言おうとする。ところがそのとき、道の両側の家がまばらになって、ふたりは波止場にたどり着いたのだった。目の前に入江の全体が見渡せて、ラムジー夫人は思わず「まあ、なんてきれいなの！」と言った。彼女の前に青い海が広々と一面に

満ちていた。古びた灯台が、遠くに、いかめしげな風情で、景色の真ん中にそそり立ち、右手には見渡すかぎり、かげったり落ちくぼんだりしながらやわらかい低い襞をつくって、緑の砂丘が見えている。あふれるように野草が茂り、まるで人間などいない月世界へと絶えず流れ去っていくかのようだった。

　これはね、と彼女は立ち止まって言った。目をうるませていた。夫が大好きな風景なのよ。

タンズリーの家は貧しかったので、彼にはイプセンの芝居のような高級な文化に対する憧れが強い。そういう高級な文化の中にいるラムジー夫人も輝かしく見える。反対にラムジー夫人の方はタンズリーの羨望の眼差しを 'an awful prig'（気取っている）などと感じ、鬱陶しく思っている。蔑みさえある。

　と、そんなふたりの心理の交錯が描かれたところで、ウルフお得意の羅列的な情景描写が入ってきます。これがひとつめの飛躍です：For, though they had reached the town now and were in the main street, with carts grinding past on the cobbles, still he went on talking, about settlements, and teaching, and working men, and helping our own class, and lectures, [. . .].　理由説明の For に導かれていることからもわかるように、この箇所は先行する「説明」となるはずのところです。しかしその文の中で、though に導かれる形で though they [. . .] were in the main street, with carts grinding past on the cobbles といった、「説明」ならぬまわりの風景の「描写」が挿入され、さらにそれに続いてタンズリーのだらだらした話の内容が settlesments, and teaching, and working men, and helping our own class, and lectures といったふうに、まさにだ

眠さ——ヴァージニア・ウルフ『灯台へ』

らだらと列挙されるのです。こうなると、「あれあれ？？？　どこに行くのか」といった彷徨の感覚が生じます。

　文というのは線的な運動ですから、そこには「進み行く」という意識があります。第5章で「スピード」に注目したように、その進み行きには速度の違いも出てくるでしょうが、ウルフの場合は、速度の緩急よりも、文の線的な運動を迷走させることで眩暈に満ちた方向意識を作り出しているところが重要だと思います。構文の要所はしっかりと固定しつつ、そこを出発点にしてあちこちにゆるく脱線してみせる。読み手を引きこみつつ、惑わせるのです。

　世の中には、話していると話がどんどん逸れていき、そもそも何の話をするつもりだったのかわからなくなる、という人がいます。私の知り合いでも、ちょっとした会話なのに、なかなか論点に辿りつかないという方がおられる。3分で終わる話が30分かかったりする。ウルフの作品にも、実は「3分で終わる」という要素がないわけではありません。その3分が、しかし、時計の時間としては3分であったとして、3分ではとても語りきれないものになる。催眠的な彷徨感を通して何かが起きているのです。それはいったい何なのでしょう。

　催眠的な迷走の特徴は「ずれること」や「逸れること」です。この引用でも、For に続く「説明」の中心となるべきは still he went on talking という主節の部分なのですが、そこには議論の芯となるような「〜だ」という断定性が欠けています。そのため、実際の文の力点はやや後ろにずれて、あとに続くいわゆる「コンマ till」節（「そうしてついに！」というニュアンス）の方に来てしまうようです：[. . .] our own class, and lectures, till she gathered that he had got back entire self-confidence, had recovered from the circus, [. . .]. そうして、それではいったい何が「ついに！」だったのかと期待して読むと、ダッシュと but に続いてまた唐突に話のポイントが逸らされるのです：till she gathered that he [. . .] was about (and now again she liked him warmly) to tell her — but here, the houses falling away on both sides, they came out on the quay, [. . .]。

　このように連続する逸脱感は、まさにウルフの面目躍如といったところでしょう。『灯台へ』では、ただならぬ瞬間の訪れが仄めかされることが多いのですが、その瞬間はきっちり説明され尽くされたり、ドラマとして完結したりすることはなく、まるで捕まえ損ねた幻のように、どんどん消え去ってしまう。ここもまさにそれで、タンズリーの重要な一言（he was about to tell her . . .）が予感されたあと、文は再び羅列的な風景描写へと流れてしまう。そこがとてもいい：the hoary Lighthouse, distant, austere, in the midst; and on the right, as far as the eye could see, fading and falling, in soft low pleats, the green sand dunes with the wild flowing grasses on them, which always seemed to be running away into some moon country, uninhabited of men.　続くラムジー夫人の「まとめ」の一言も、そこにさらなる逸脱が含まれているだけに、印象的です：That was the view, she said, stopping, growing greyer-eyed, that her husband loved. おそらくここで唐突に「夫」が出てくるのは、タンズリーとラムジー夫人との間に、一瞬のこととはいえ、ただならぬ気配が生まれたからであり、「夫の愛する風景」に回帰することでラムジー夫人は何とか踏みとどまった、というの

が論理的な説明なのでしょうが、それを逸脱の連鎖を通して描くことで、論理の向こう側にある夢幻的な混沌のうちに表現するところにウルフの技が見られます。

　ここは『灯台へ』の中でももっとも美しい箇所のひとつでしょう。文の論理的な構造を踏み台にしつつも、決して論理的でも分析的でもないラムジー夫人の心理が、列挙される風景を追う「目」という形をとってぱあっとあふれる、そのさまがまぶしいような、ほとんど祝福されたようなエクスタシーを感じさせる。ウルフが逸脱的な文章を通して表現するのは、とりとめのない心理こそが持っている自由さや軽快さ、恍惚、儚さ、弱さ、そして哀切感などなのです。

「〜だとさ」の語り

　しかし、今の引用箇所をよく見てみると、この場面のさまようような逸脱と深く関係しているものがもうひとつあることがわかります。こちらの「読む気」を上手に逸らし、むしろ「読ませまい」「わからせまい」とする力。注目したいのは、あちこちにことさら挿入される she supposed, she gathered といった「思考」を表す言葉や、oh yes や 'Oh, how beautiful!' といった突然の発話、また最後のまとめに出てくるような That was the view, she said のような自由間接話法による描出などです。

　こうした表現はいずれも、言葉がいったいどこから出てきたのか、その出所を示すものです。ラムジー夫人の心の中から出てきた言葉、ラムジー夫人が実際に口にした言葉、語り手が中継してラムジー夫人の発話を伝えた言葉など、今の一節だけでもさまざまなレベルの言葉がせめぎあっています。こうして見

ると私たちは、列挙や唐突な転換により文章の「進み行き」について迷走を強いられるだけでなく、言葉の出所をめぐっても、混乱ぎりぎりのところで、不確かさを抱えたまま読まざるを得ないのです。

　言葉がいったい誰にどのような形で属するのかを明示するための書記上の決まりは、比較的新しい時代に設定されたものです。たとえば発話を示すクオテーション・マークが現在のような形で使われるようになったのは18世紀になってからですし、心理を発話されない声として表すようになったのも19世紀になってからです（ラス、41；コーン、58‐60）。こうした道具は、言ってみれば、暫定的なものにすぎない。いろいろ変更や工夫の余地があったし、今でも、あるいはこれからもあるのかもしれない。だからこそ、私たちはそれらにこだわりすぎることなく、単なる約束事として距離を置き、もっと文章の「本質的な部分」に注意を向けようとするのです。

　しかし『灯台へ』では、書き言葉のそういう脆弱な部分をわざわざいじくりまわすことで、出所の不安をかき立てているように見えます。出所だけでなく、言葉がどのような経路を辿ってそこにあるのか、ということにわざと私たちの注意を向けさせている。しかも、そうした経路があまりに変化に富んでいて目まぐるしく入れ替わるので、ちょっと油断すると経路を勘違いしかねない。そこにある言葉を、いったい誰が、どう発したのか、わからなくなる。

　そうした状況は、たしかに混乱を呼ぶかもしれません。しかし、そのおかげで引き立つことがある。それは言葉がそもそも「～だとさ」と伝聞調で語られているということです。私たちが

眠さ──ヴァージニア・ウルフ『灯台へ』

物語という様式を通して好きこのんで他者の言葉に接するのは、知らない言葉との出遭いが、それが出遭いであるというだけで、何らかの感情と結びつくからではないでしょうか。言葉と出遭うことは、衝撃的であり、違和感や恐怖を引き起こすこともあるけれど、私たちはつねにそれを求めてもいて、言葉のおかげで快楽やエクスタシーに至ることもある。さらには、たとえようもない至福の体験を得ることだってある。

　根本にあるのは「伝え聞き、辿りつく」という意識なのです。「〜だとさ」という形で、言葉を間接的に受け取ることは、奥の方にある何かを掘り出してくるような、見えなかったものを明らかにするような、世界を今まで知らなかった方法で理解するような道筋をつけてもらうきっかけとなるのです。そのためには、眠りにも似た迷走を経験することで、日常感覚をいったんリセットする必要があるのではないでしょうか。先の引用で、ラムジー夫人が目にする光景（. . . the hoary Lighthouse, distant, austere, in the midst . . .）があれほど美しく感じられるのは、私たちが幾重にも錯綜した「伝聞」をへて、言葉が誰のものか、どこから出てきたのかわからなくなりつつ、しかしそれゆえにこそ、今まで見たことも聞いたこともないものとしてこの風景に辿りつくからでしょう。

　『灯台へ』ほど「発見」や「感動」に満ちた作品はそうありません。登場人物の感極まったような心の高揚やこのうえない哀切感がふんだんに描かれる。ふつうならもっと劇的なアクションや効果とともに語られないと説得力をもちそうにない心の動きが、どんどん言葉にされる。あれこれと「〜だとさ」という「伝聞」が行き交うおかげで、比喩的な言い方をすると、文章が

文章であることの拘束から解き放たれているとさえ言える。

　第三部の出だし近く、すでにラムジー夫人の亡き後、画家のリリーとラムジー氏が再会する場面は次のように描かれます。今、どうしてらっしゃるんですか、というような言葉から始まって、一気に「心の言葉」に至る箇所です。

　Was anybody looking after her? he said. Had she everything she wanted?

　'Oh, thanks, everything,' said Lily Briscoe nervously. No; she could not do it. She ought to have floated off instantly upon some wave of sympathetic expansion: the pressure on her was tremendous. But she remained stuck. There was an awful pause. They both looked at the sea. Why, thought Mr Ramsay, should she look at the the sea when I am here? She hoped it would be calm enough for them to land at the Lighthouse, she said. The Lighthouse! The Lighthouse! What's that got to do with it? he thought impatiently. (165)

　ちゃんとお世話はしてますかね？　彼は言った。不自由はないですか？
「ええ、おかげさまで大丈夫です」リリーは硬い口調で言った。だめ。自分にはできない。拡がる同情の波に飛び乗って、流れに身を任せるべきだったのに。やらなきゃという気持ちはとても大きかった。でもリリーはその一歩が踏み出せなかった。重い沈黙があった。ふたりともに海を眺めやった。俺がここにいるのに、どうしてこの人は海を見てるんだ？

　とラムジー氏は訝った。海がおだやかで灯台に無事上陸できるといいですね、とリリーは言った。灯台だと！　灯台だと！　それがどういう関係があるというのだ？　ラムジー氏は苛立っていた。

眠さ——ヴァージニア・ウルフ『灯台へ』

ここでも自由間接話法や直接話法、心理の声などを通して、いろんなレベルの「伝聞」が錯綜しているのがおわかりになるかと思います。読んでいると、どの言葉がどこから出てくるのか、誰に属するのか、わからなくなってくる。ふつうは言葉の出所はもう少しまとまっているので、こちらがそれほど注意しなくても足を取られることはない。しかし、『灯台へ』では、この錯綜のおかげでこそ、このしばらく後にある次のような「感動」の描写が生きてくるのです。

> **Why, at this completely inappropriate moment, when he was stooping over her shoe, should she be so tormented with sympathy for him that, as she stooped too, the blood rushed to her face, and, thinking of her callousness (she had called him a play-actor) she felt her eyes swell and tingle with tears? Thus occupied he seemed to her a figure of infinite pathos.** (168)
>
> どうしてなのだろうと彼女は思った。こういうまったくおかしなときに限って。ラムジー氏は今まさに彼女の靴の方に身を屈めているところなのだ。そんなときに限って、彼に対する同情の気持ちが痛いほど湧き起こってきてしまい、彼女が同じように身を屈めると、顔がほてって自分の酷さも思い起こされ(彼のことを演技屋なんて言ったのだ)、目に涙があふれんばかりになってひりひりしてくるのだ。こんなふうに何かに没頭しているラムジー氏は、とてつもない哀愁をたたえているようにリリーには見えた。

このような箇所に到達するまでの間に、私たちは「奥の方」に辿りつくための準備をへているのです。リリーが涙を流さんばかりに感極まってしまうことが些か唐突だとしても、他者の言

葉を伝え聞くことの回りくどさに慣れた私たちにとっては、それはむしろ心地よい逸脱と感じられるはずです。

『灯台へ』の舞台はヘブリディーズというスコットランドの島ですが、実際にはウルフの家族が夏を過ごしたコーンウォールのセントアイヴズがイメージの元になっています。このセントアイヴズは昔から芸術家村として知られてきたところです。『灯台へ』でも画家のリリーが大きな役割を果たしているように、ウルフ作品に絵画的な要素が多くあることは注目すべきでしょう。とくに20世紀前半の前衛美術に見られた素材や媒体への回帰という傾向は、彼女の作品にも影響を与えているようです。『灯台へ』の「眠さ」を機能させているのも、「伝え聞く」という物語の媒体らしさへの回帰なのかなというふうに考えたくなるのです。

ヴァージニア・ウルフ（1882-1941）
英国モダニズムを代表する小説家。高名な文人であった父のもとで、正式な学校教育は受けずに育った。兄弟姉妹とその友人たちから成る「ブルームズベリ・グループ」での知的交流は有名。『ダロウェイ夫人』（1925）では内的独白などを用い、上流中年女性の現在と過去をフラッシュバックによって重層的に描き出し、そこにシェル・ショックに苦しむ若者を対置させて、第一次大戦後の社会の断面を鮮やかに切り取ってみせた。『灯台へ』（1927）でも「意識の流れ」の技法を駆使し、海辺の別荘で過ごす夏に、きわめて女性的なラムジー夫人が与えてくれた「永遠の瞬間」を、家族や友人たちの目を通して象徴的に表現してみせた。他に、『オーランドー』（1928）、『波』（1931）、フェミニズムに影響を与えた評論『自分自身の部屋』（1929）など。

chapter 9

まじめさ
——ウィラ・キャザー『私のアントニア』

日本語の「純文学」という概念は、英語では説明しにくいものです。和英辞典には pure literature とか imaginative literature といった表現が出ていたりもしますが、今ひとつピンと来ません。そんなときに助けになりそうなのが、やや粗っぽい言い方ですが、serious literature というフレーズかもしれません。

　本書でとりあげてきた作品も、だいたいこの serious literature というカテゴリーに入るものだったように思います。いったい文学が serious であるとはどういうことか？　正直、よくわかりません。でも、そもそも日本語の純文学という表現もよくわからないもので、その曖昧さこそが重宝されてきたところがあります。serious という語はその「あうんの呼吸」というか、「わかりそうでわからない感じ」をうまく伝えてくれる。はっきりとは定義できないけど、深刻であったり、重大であったり、あるいは普遍的であったりするようなもの。信頼できるもの。熱心なもの。揺るがないもの。意味のあるもの。読む甲斐のあるもの。

　果たして「読む甲斐のある文学」など、誰が決めることができるのか、このあたりは近年大いに議論されてきた問題です。ただ、少なくとも「文学」という言葉を使った時点で、おそらくは幻想なのでしょうが、私たちの中に何らかの卓越性への期待が芽生えているのは確かでしょう。そこでは、広い意味での漠然とした「本気さ」が待望されている。だから、一見「不まじめ」に見えるようなもの（たとえばアレグザンダー・ポープの『毛髪陵辱』など）でも、そこに何らかの「本気さ」が読めれば、「まじめな文学」のリストのひとつに列することができるわけです。

　しかし、そういう漠然とした「まじめさ」とは微妙に違って、

まじめさ──ウィラ・キャザー『私のアントニア』

文章の特徴としてある種の「まじめさ」を看板にしているような作品もあります。今回とりあげるウィラ・キャザーの『私のアントニア』はそのようなものです。主人公のアントニアを中心に、西部の開拓地で生きる貧しい移民たちの姿を描いたこの作品では、いろいろな意味での「まじめさ」がテーマとなり、それが文章の書き方にもよく表れています。「まじめ」であるがゆえにこそ書けることもあれば、逆に書けなくなることも出てくる。ここでのseriousnessは、「あうんの呼吸」とともにserious literature と言うようなときのseriousnessとはどう違うのか、そのあたりの問題をあらためて考えてみたいと思います。

男は不まじめだ

たとえば以下のような場合を思い浮かべてみてください。現在独身のA子さん（28）。周囲には「彼氏が欲しい」と漏らしていますが、なかなかちょうどいい相手がいない。相談に乗った友人が、「それじゃ、同僚のB太郎さん（30）は？」と提案しました。するとA子さんは即座にNOの答え。理由を聞くと、「B太郎さんは、不まじめだから」と言う。

よくあるケースかもしれません。男女の交際で、男性の「不まじめさ」が問題とされることは非常に多い。その一方で、女性の「不まじめさ」が問題にされることは比較的少ないように思います。「A子さんは不まじめだから別れた」というようなコメントを聞くことはそうないでしょう。なぜか。女性は男性にくらべて根本的に「まじめ」なのでしょうか。あるいは男性というものは本来的に「不まじめ」なのか。

ひとつの説明はこうです。男女の交際における「不まじめ」

には、究極的には性に関する契約が絡んでくる。交際している相手以外とは関係を持たないとか、いったん関係を持った相手とちゃんと結婚するとか、そのあたりが「まじめ」かどうかの分岐点となってきます。これまでは女性の経済力は相対的に低かったため、性行為の結果、妊娠すれば、男性の忠誠心と経済力に頼る可能性が高かった。だから、女性が男性の「まじめ」に目を光らせるのは当然でした。

「まじめ」の視線は、常に性行為の先を問題にします。そこには明確な前提がある。「快楽のみを求めるセックスは、不まじめなものだ」というものです。いやもっと言うと、「快楽は、不まじめだ」という考え方。これに対し「まじめ」のカテゴリーに入ってくるのは、たとえば結婚であり、それから出産や、労働や、日々の生活や、そして何より死なのです。

『私のアントニア』は、このような「まじめ／不まじめ」の対立軸をすっかり内面化した語り手によって語られる小説です。それをよく表すのが、作品の中程にある次の一節でしょう。

In the morning, when I was fighting my way to school against the wind, I couldn't see anything but the road in front of me; but in the late afternoon, when I was coming home, the town looked bleak and desolate to me. The pale, cold light of the winter sunset did not beautify — it was like the light of truth itself. When the smoky clouds hung low in the west and the red sun went down behind them, leaving a pink flush on the snowy roofs and the blue drifts, then the wind sprang up afresh, with a kind of bitter song, as if it said: "This is reality, whether you like it or not. All those frivolities of summer, the light and shadow,

まじめさ──ウィラ・キャザー『私のアントニア』

the living mask of green that trembled over everything, they were lies, and this is what was underneath. <u>This is the truth</u>." It was as if we were being punished for loving the loveliness of summer. (823; 下線筆者)

朝、向かい風の中を必死に学校へ向かうとき、僕に見えるのは自分の前の道だけだ。でも午後遅く、家に帰ってくるときは、町がすさんでうら寂しく見える。冬の夕暮れの淡い、冷たい光は美化することをしない。真実の光そのもののようだ。西の空に煙を吹いたような雲が低くたれこめ、その向こうで赤い太陽が沈むと、雪を乗せた屋根や青みがかった吹きだまりに薄赤い光が差す。そんなとき、風が一段と強まり、苦い歌のようなものが聞こえてくるのだ。まるでこんなふうに語るかのように。「これが現実なのだ。好むと好まざるとにかかわらず。夏らしい浮薄なものは、その光も影も、すべてを覆って揺れる生き生きとしたあの緑の仮面も嘘だ。これがその下にあるものなのだ。これが真実なのだ」。まるで僕たちは、夏のすばらしさに魅了されたことで罰せられているかのようだった。

ここには語り手ジムの徹底的な「まじめさ」がよく表れています。「現実」（reality）を冬の寒さの中にこそ実感し、夏の心地よさを偽りと見なす。そのような態度の根本には「快楽は、不まじめだ」という考え方がある。

文章にもこのような思考がよく反映されています。まず目につく特徴は、ほんとうに重要な部分が短い文で語られる、ということです。三つの下線部分（it was like the light of truth itself; This is reality, whether you like it or not; This is the truth）はいずれも、先行する部分に対して結論めいたことを言うのですが、「虚飾をはぎとられた冬のさえざえとした寒さにこそ真実がある」という語り手の信条そのままに、一番大事なこ

とを、虚飾のなさや露骨さを突きつける短い文で表現しているのが特徴です。

日本語でも英語でも、文を少しずつ長くすることで「盛り上がり」のテンポを生み出すことができます。たとえばキング牧師の有名な 'I Have a Dream' という演説には次のような一節があります。

With this faith, we will be able to hew out of the mountain of despair a stone of hope. With this faith, we will be able to transform the jangling discords of our nation into a beautiful symphony of brotherhood. With this faith, we will be able to work together, to pray together, to struggle together, to go to jail together, to stand up for freedom together, knowing that we will be free one day.

このことを信ずるなら、山成す絶望からも我々は、希望の石を切り出すことができる。このことを信ずるなら、我が国の喧噪と不協和音とを我々は、美しい友愛の交響楽へと作り替えることができる。このことを信ずるなら我々は、ともに働き、ともに祈り、ともに努力し、ともに投獄され、ともに自由を求めて立ち上がることができる。いつの日か我々が自由になるとわかっているから。

このように少しずつ文を長くすることで、文章に熱気と説得力とが付与されるわけです。これに対し、長い文が急に短くなると、鋭く刺すようなインパクトを与えることができます。そこにあるのは熱気よりも覚醒感であり、説得よりも直感と断定です。この引用部が作り出しているのも、そうした直感と断定による衝撃だと言えるでしょう。それは「虚飾のなさにこそ真実がある」という信条の具現なのであり、まさに「冬のレトリッ

まじめさ——ウィラ・キャザー『私のアントニア』

ク」を地でいく語りとなっています。

　加えて、もうひとつ注目しておきたいことがあります。それは「真実」（truth）とか「現実」（reality）といった言葉を、語り手がためらいなく使っているということです。語り手である以上、真実や現実を語ろうとするのはあたり前のことなのですが、そういうとき、「真実」とか「現実」といった言葉をもろに使ってしまうのはいかがなものでしょう。

　こんなことを問題にするのは、ほんとうに真実を突きつけようとするとき、むしろ「真実」という言葉を使わない方が有効なのではないかと思えるからです。現実を語るときに「これは現実です」と言ってしまったら、むしろその現実は概念化されてしまう。頭で考えたことになってしまう。そこからは、現実らしい生々しさが失われてしまうのではないか。

　にもかかわらず、語り手は幾度も reality とか truth という語をそのまま使っている。しかもそれをクオテーションマークでくくって、ハイライトしてさえいる。ということは、ここに私たちが読むべきは、真実や現実そのものではなく、「真実」や「現実」といった言葉を振りかざし、躍起になって注目を引こうとする語り手の猪突猛進ぶりということになるかもしれません。ほとんど愚鈍と言ってもいいくらいの、なりふり構わない一心不乱な探求の姿勢がそこには読める。

　たとえば『ライ麦畑でつかまえて』の語り手ホールデンであれば、真実を語ろうとして語れないという「言葉の敗北」が弱点ともなり、武器ともなりました。これとは対照的に『私のアントニア』の語り手は、真実を「真実」と呼んでしまう、つまり「言葉の勝利」に訴えるのです。そうした勝者のレトリックは、しかし、

知らず知らずのうちに言葉に鈍さを付与することにもなります。[1]

鈍感な語り手

　ジムの「まじめさ」には特有の鈍感さが伴うのです。それは『私のアントニア』に描かれる場面の、ある独特のニュアンスに表れています。

　この小説には死の場面が頻出します。それもいわゆる自然死ではなく、オオカミに襲われるとか、脱穀機に飛びこむといった、かなり凄惨なものが多い。その中でもとりわけ印象に残るのは、アントニアの父親のシメルダー氏が猟銃自殺を遂げたところでしょう。

Nobody could touch the body until the coroner came. If any one did, something terrible would happen, apparently. The dead man was frozen through, "just as stiff as a dressed turkey you hang out to freeze," Jake said. The horses and oxen would not go into the barn until he was frozen so hard that there was no longer any smell of blood. They were stabled there now, with the dead man, because there was no other place to keep them. A lighted lantern was kept hanging over Mr. Shimerda's head. <u>Ántonia and Ambrosch and the mother took turns going down to pray beside him. The crazy boy went with them, because he did not feel the cold. I believed he felt cold as much as any one else, but he liked to be thought insensible to it. He was always coveting distinction, poor Marek!</u> (779-80; 下線筆者)

検死官が到着するまでは誰も死体には触れられなかった。触れたりしようものなら、怖ろしいことが起きる、とでも言わんばかりだった。死者

まじめさ——ウィラ・キャザー『私のアントニア』

はすっかり凍っていた。「食用に吊して凍らせた七面鳥のようにかちんかちんだった」とジェイクは言った。馬や牛は、彼の身体が硬く凍って血のにおいがしなくなるまで、小屋の中に入ろうとしなかった。それらも今や死者とともに小屋の中に入れられていた。他に場所がなかったのだ。シメルダー氏の頭の上に、灯をともしたランプが下げられた。アントニアとアンブロッシュと母親とが、代わる代わるシメルダー氏のところに行って祈りを捧げた。あの頭のおかしい子も、寒くなんかないと言って彼らにくっついて行った。彼だってみなと同じくらい寒かったけれど、寒さなんか感じてないと思われたかっただけなんだと僕は思った。いつも目立ちたがるんだ、あのマレックのやつは！

シメルダー氏の遺体が寒さの中で凍っていく様は、例の「冬のレトリック」を思わせるものです。死にしても、寒さにしても、その虚飾のない露骨さを通して、真実らしさを表現する、というスタイルになっている。

しかし、先ほど凄惨とは言ったものの、こうした状況でとくに目につくのは、感情描写の少なさです。センセーショナルな場面であるにもかかわらず、物足りないと思えるほど、描き方があっさりとしている。淡々としている。感情を抑えた文章を、「抑制の効いた」などと形容することがよくありますが、そういう感じでもない。抑制が効いたと呼びたくなるのは、溢れるものがあるのにそれを堪えて、じっと静かに語るような場合でしょう。つまり、抑制が効いたと思わせるためには、ことさら「抑制しているぞ！」というジェスチャーが必要になるし、そのためには、ちらっとはみ出すような過剰さを見せておく必要もある。

上記の引用では、むしろ感覚が働いていないのです。この語り手は抑制などしてはいない。むしろ、ごく自然に語っている。

たとえば下線を引いた一節では、アントニアやアンブロッシュが入れ替わり立ち替わり凍ってしまった死体のところに行って、見守るように祈りつづけている。場合によってはたいへん感傷的に引き立てられてもおかしくない場面でしょうが、ここで語り手の視点が最終的に辿りつくのは、意外にも、マレックなのです。マレックが自分の「鈍感さ」（insensible）をむしろ勲章のように振りかざして目立とうとする、それがこの段落を締めくくる描写となる。その結果、アントニアやアンブロッシュの嘆きはすっかり後方に退いてしまう。ちょっと繊細さを欠いた視線に見えます。

　これはひとつには、40年近い時間の経過を追うこの作品が、語り手の成長とともに変化する文体を表現しているせいもあるでしょう。たとえば今の場面では、語り手がまだ若いため、細かい感情の襞には鈍感で、見えていないこともたくさんある、という設定になっている。家族がどんな気持ちでシメルダー氏の自殺を悼んでいるかを詳述するよりも、どちらかというと些末といえるマレックの振る舞いに目がいってしまうのは、語り手がマレックの立場に近いせいなのです。語り手自身も insensible という状態に何となく惹かれている。insensible であることに価値を見出している。

　もちろん、そういう語り口を通して少年らしい腕白さや無垢さが描かれるという要素もあるかもしれませんが、それだけではない。むしろ少年の語りは、この作品の芯にある何かに奉仕するために使われているように思えるのです。作品自体が、鈍感という感覚にこだわっている。それは突き詰めれば、人間の中にあるやわらかい部分を感じたり、言葉にしたりすることに

まじめさ──ウィラ・キャザー『私のアントニア』

対する根本的な疑義のようなものかもしれません。

「まじめ」という権力

　欧米の近代史の特筆すべき流れのひとつに、感情表出の抑制ということがあります。18世紀頃までは、たとえば感情とはたいへん身体的なものであり、怒ったときに、日本語で言う地団駄を踏むようなジェスチャーに訴えることがふつうにあった。しかし感情は次第に内面化され、言葉にすら出されなくなってきます。アメリカでも20世紀初頭になると、感情をほとんど持たないかと見えるスーパーマンのようなヒーローが、大衆の心をとらえるようになります。

　1918年に出版された『私のアントニア』がそういう時代の申し子だと言えるのかどうか、ここで結論づけるのはやや性急にすぎるでしょうし、開拓ものの伝統ということも考慮にいれる必要がありますが、いずれにせよ文章のレベルで、先に触れたような「やわらかい部分」が迂回されていることは確認できるかと思います。

　もっとわかりやすい例もあります。ジムがリーナに別れを告げ、勉強に集中するためにハーヴァードに行こうとするところです。『私のアントニア』では男女の交際そのものはしばしば話題にされており、強姦未遂のような事件も起きるのですが、全体を通し、性はあくまで「不まじめ」で見苦しいものとして脇に押しやられがちであり、恋愛感情の機微が意味深いものとして焦点をあてられることもほとんどありません。そんな中でこの場面はかなり際だったものと言えます。男女関係の心理に、珍しく深入りしていくのです。

"What makes you want to go away, Jim? Haven't I been nice to you?"

"You've been just awfully good to me, Lena," I blurted. "I don't think about much else. I never shall think about much else while I'm with you. I'll never settle down and grind if I stay here. You know that." I dropped down beside her and sat looking at the floor. I seemed to have forgotten all my reasonable explanations.

Lena drew close to me, and the little hesitation in her voice that had hurt me was not there when she spoke again.

"<u>I oughtn't to have begun it, ought I?</u>" she murmured. "<u>I oughtn't to have gone to see you that first time. But I did want to. I guess I've always been a little foolish about you. I don't know what first put it into my head, unless it was Ántonia, always telling me I mustn't be up to any of my nonsense with you. I let you alone for a long while, though, didn't I?</u>" (893; 下線筆者)

「どうして行ってしまうの、ジム？ あなたのこと、大事にしたでしょ？」

「君はすごくよくしてくれたよ、リーナ」僕はすぐに言った。「他のことが考えられないんだ。君と一緒にいると他のことが手につかなくなる。ここにいたら、絶対落ち着いて勉強したりできないんだ。わかるだろう」。僕は彼女のわきに腰をおろして、床に目をやった。いろいろもっともらしい理屈を考えておいたのに、全部忘れてしまったみたいだった。

リーナは僕に身を寄せてきた。彼女がふたたび口を開いたときには、さっき僕の胸を刺したようなわずかなためらいの口調は消えていた。

「始めるべきじゃなかったのよね？」彼女はつぶやいた。「そもそもはじめから、あなたのところに会いになんか行かなきゃよかった。だけど、

まじめさ──ウィラ・キャザー『私のアントニア』

> そうしたかったの。たぶんね、ずっとあなたのことが気になってた。いつから自覚するようになったのかな。アントニアがね、あなたにちょっかい出さないように、なんていつも言ってたせいかもね。だけど、長いこと、我慢してたでしょ。ね？」

リーナは下手をすると『私のアントニア』の中でもっとも小説的におもしろい人物かもしれません。男たちを誘惑して道に迷わせ、語り手のエロチックな夢の中にも登場するけれど、あるときから改心して仕立ての仕事に打ちこみ、成功する。幼いころからたくさんの人間に囲まれてきた自分は、今はただ孤独が欲しいのだ、家族もいらないし、結婚したいとも思わない、とか、あなたにも結婚して欲しいなんて言わないから大丈夫よ、などとジムに言ったりもする。何とも可憐なところのある女性です。この小説を通してほんとうに成長するのは、ジムでもアントニアでもなく、リーナなのかもしれません。

アントニアの存在が、死や労働や出産とダブるのに対し、リーナは感情と官能とを担うキャラクターです。だから「まじめ」を標榜する語り手の中では、彼女は常に抑圧されるべき負の要素を担った「不まじめ」な領域の人物でしかない。下線部で語られるようなリーナのジムへの思いも、少なくとも本人にとってはたいへん痛切なものであるにもかかわらず、どこか、腰を折られた、中途半端なもののように読める。

そこで注意しなければならないのは、私たちがリーナの言葉を独立したものとは読まないように仕組まれているということです。リーナにはたしかに直接話法の台詞が与えられており、歴とした発言権があるのですが、ほんとうにリーナは直接語っているのでしょうか。

鈍感な語り手には、鈍感ゆえの力があります。「まじめ」なジムはこんな場面で「勉強しなきゃ」（I never shall think about much else while I'm with you. I'll never settle down and grind if I stay here）などということを臆面もなく言い、いかにも男性的な、堅固な鈍感さを見せつけます。しかし、ジムが鈍感であるとわかってはいても、私たちはその「まじめ／不まじめ」の対立軸を引き受けざるを得ない。鈍感であるがゆえのさっぱりすっきりしたわかりやすさが、読み手の視線をとらえてしまうからです。その結果、後に続くリーナの台詞は、ジムの堅牢さとの対比から、脆弱さ、不確かさ、迷い、感情性などを際だたせることになります。I oughtn't to have begun it, ought I? というリーナの台詞にのぞくのは、彼女が本来持っている豊かな官能性や繊細さの一端なのですが、同時に、ジムの「まじめ」でわかりやすい鈍感さを通して聞こえてくる彼女の言葉は、「ああでもない、こうでもない」と逡巡するばかり。あくまで舌足らずで、切れ切れ、論理も倫理もなく、「不まじめ」でわかりにくい独り言にすぎないのです。

　この場面に先立ち、ジムは担当教員のクレリックから「リーナとの交際をやめて勉強に打ちこみなさい」という忠告を受けています。祖父からはハーヴァード行きを許可する旨の手紙が届く。ここでジムは大いに悩みます。

I stayed in my room all evening and thought things over; I even tried to persuade myself that I was standing in Lena's way — it is so necessary to be a little noble! — and that if she had not me to play with, she would probably marry and secure her future. (891)

まじめさ──ウィラ・キャザー『私のアントニア』

> その晩、僕は自分の部屋に閉じこもってあれこれ考えた。自分がリーナの邪魔をしているとおのれに言い聞かせようとさえした──自分のことを少し立派な人物に仕立てあげる必要があったのだ！──そして、僕がいなくなれば、リーナは結婚して幸せな未来を手に入れることができる、なんて思おうとしたのだった。

たしかに語り手は煩悶している。しかし、「私は悩みました」と言うわりに、心理とか葛藤とか呼ぶにはあまりに明晰で論理的な思考にも見えます。あまりに明晰すぎて、愚鈍に見える。心の中にあるぐちゃぐちゃした部分を、これほど拾わない語り手というのも珍しい。

でも「まじめ」とはそういうことなのでしょう。『私のアントニア』では明確に「まじめ」の領域が形成されています。労働に打ちこみ、子どもを産み、育て、日々を生き、死に直面する、そういう領域です。そこでは「不まじめ」が語られないわけではない。むしろ「不まじめ」は積極的にとりあげられ、しかし、これみよがしに陰に押しやられる。上記のいささか粗っぽい心理描写の物足りなさや、あるいはすでに引用した自殺場面のあっさり淡々とした感情の欠如に表れているのは、しっかりと捕捉しきれないような、心の中のやわらかい部分に安易に踏み込まないという姿勢であり、そういうものを語ったりはしまい、という頑固さなのです。

作品中ではこの頑固さは、おもにジムのキャラクターを借りて表現されます。論理的かつ倫理的ではあっても、繊細さを欠く。ジムには「まじめ」の良いところも、悪いところも、ともに現れ出ているのです。冒頭で、男性の「不まじめさ」が問題にされることが多いということに触れましたが、その一方で「彼

はまじめな人だ」という形容が決して100パーセントの褒め言葉ではないのも確かです。とくに女性が口にするときには。

しかし、作品を通して現れ出るのは、そういう「まじめさ」を通してでなければ書かれ得ない何かなのです。いわゆるserious literature に列せられる作品というのは、単なる人生指南や勧善懲悪から一歩離脱し、ふつうはあまり口にされないような陰の部分、やわらかい部分を書くという前提があるようにも思います。それが日常の常識をこえた、括弧付きの「文学」ならではの卓越性を保証する、と考えられてきた。『私のアントニア』でも尋常ならざる出来事は次々に起こり、まさに「文学」を想起させるのですが、その鈍感な語り手はあくまで「まじめ」の領域にとどまり続けます。そのおかげで、尋常ならざる出来事を生き抜くことの、驚くほどイノセントな逞しさが浮かび上がってくる。

「まじめ」であったり、「不まじめ」であったりする権利は、おもに男性が享受してきたものです。つまり女性との関係において、主導権を握ることが想定されているからこそ、「まじめ」であったり、「不まじめ」であったりできる。そうした常識を覆すような作品はおそらく堂々と「文学」の座をしめるのでしょうが、『私のアントニア』ではそれとは違い、男性の語り手であるジムが、いかにも「まじめな男性」らしい鈍さを具現し、文章の物足りなさにもそれが表れる。語らなかったり、理解しなかったり、感じなかったりする、そういう欠如が、ときに表現の力を生み出すこともあるということなのです。

まじめさ——ウィラ・キャザー『私のアントニア』

ウィラ・キャザー (1873-1947)

アメリカの小説家。自身の体験に基づき、アメリカ中西部の開拓者精神、大地に結びついた人々の生き方を、象徴的な手法も用いて描いた。『私のアントニア』(1918) では、ボヘミアからの移民の娘、アントニアが、父の死や男の裏切りを乗り越えて、農婦としてたくましく生きていくさまを描いた。後年の作品は、物質文明に侵されるアメリカ社会への批判が基調となる。代表作に『おお、開拓者よ！』(1913)、『迷える夫人』(1923)、『教授の家』(1925) など。

注

1 『英語青年』連載時には 2008 年 11 月号でサリンジャーの『ライ麦畑でつかまえて』を扱い、語り手ホールデンの言葉の敗北について考察しましたが、著者の意向もあり本書からは当該箇所を割愛したことをお断りします。

chapter 10

箇条書き
——バーナード・マラマッド「魔法の樽」

学生として授業を受ける側だったのが、立場変わって自分で授業をする側になると、それまで知らなかったことにいろいろと気づきます。たとえば、教員からは学生の顔がけっこう見える。とくに学生が退屈したり、眠そうだったりすると、たいへんよくわかるのです——痛いほどに。自分が学生だったときは、まあ、ひとつの教室で20人を超えれば先生にはこっちの表情など見えはしないだろうと高をくくっていましたが、これは大きな間違いでした。

　もちろん、学生の顔が見えるからといっておもしろい授業ができるわけでもないのですが、少なくとも学生を退屈さ̇せ̇る̇ための方法はわかってきました。まず間違いなく聴衆を居眠りに追い込む必殺技——それは、原稿棒読み、です。

　なぜ原稿をそのまま読むと、聴衆は集中力がもたないのでしょう。きちんと原稿化されていれば、文章としてはより完成度が高いはず。ならば理解も進むのではないか。しかし、言葉としての完成度が高いほど、それを受け取るための作業も高度なものとなりがちです。口で言うときは、口語風にほぐさないと、聞いている人はなかなか頭に入りません。

　昔から無頼派の知識人は「大学の講義なんか出るヒマがあったら、下宿で本でも読んでた方がいい」とうそぶいてきたものです。たしかに、口語風にほぐされていない生の文章の方が一段上だという意識を持つ人は多いようです。書かれた文章は密度が濃く、内容も深い。文章を読むという作業は孤独で、気高く、困難を極め、チャレンジングなものとされてきた。

　こう考えてくると、原稿棒読みが消化不良につながるのはもっともでしょう。そして、原稿棒読みのわかりにくさを解消する

ために私たちがしばしば取る手段が、むしろ文章の完成度を落とす方向に向かうのも、当然なことと思えます。文章の完成度を落とし、一段前のレベルに差し戻すために誰もが取る方法。言うまでもなく、それは箇条書きです。

　かつて、授業で学生が寝るのを防ぐために、多くの先生は板書をしました。この板書を、きっちりと書かれた文章でする人はあまりいません。ほとんどの場合、板書は項目をならべ連ねた箇条書きの形を取りました。パワーポイントの時代になると、前にも増して、項目を並列することで理解を助ける、という原則がはっきりしてきたのではないでしょうか。

　箇条書きは、書かれた言葉としての文章と、口頭でやりとりされる言葉との間をつなぐ有効な装置なのです。それは書き言葉的な濃密な論理性と、話し言葉らしい単純で反復的なリズムとをともに実現する、たいへん便利なスタイルです。

　ただ、箇条書きは単なる便法であるだけではありません。それはたしかに思考の整理に役立ち、情報の伝達を効率的にわかりやすく行うのに都合が良いのですが、そこには独特のニュアンスも加わってきます。どんな文章でも箇条書きへと書き直すことは可能でしょうが、その一方で、箇条書きだからこそ表現できることもあります。そこには、固有の思想のようなものさえあるのかもしれない。今回は、そのあたりの問題を考えるために、箇条書きをたいへん巧妙に作品中に取り入れた、バーナード・マラマッドの短篇「魔法の樽」を読んでみたいと思います。

6人から選ぶ

　「魔法の樽」は、ユダヤ神学を勉強する青年が、ある人物に頼

んで結婚相手を探してもらうという話です。同じ短篇集におさめられた他の作品と共通して、自分の弱い部分をえぐるようにして内向していく人物を描いています。短い小説ですが、人生の惨めさや暗さが容赦ない筆致で暴かれていると感じる人も多いでしょう。結婚相手を探すという、場合によっては華やかになってもおかしくないプロセスが、まるで行き所のない袋小路のように提示されています。

しかし、「魔法の樽」は暗いだけの小説ではありません。惨めさや救いのなさを突き抜けた向こうに何かがあると思わせる。かちっとした到達感とともに、ほとんど爽快ささえ感じさせる。何かがわかったような気にさせる。

そこで鍵になっているのが、箇条書き的な枠組みです。この短篇では、青年がどの相手を選ぶかというプロセスが書かれるのですが、この「選択」という行為が、提示されたカードから一枚を選ぶ、という形をとっているのです。青年が紹介を依頼したどこか怪しげな結婚斡旋人は、樽いっぱいに「お相手」の情報を記したカードを蓄えているらしいのですが、その全部がこの知的な青年の眼鏡にかなうわけではないという。だから、その中から6人だけを選んで青年に見せるのです。

When Leo's eyes fell upon the cards, he counted six spread out in Salzman's hand.

"So few?" he asked in disappointment.

"You wouldn't believe me how much cards I got in my office," Salzman replied. "The drawers are already filled to the top, so I keep them now in a barrel, but <u>is every girl good for a new rabbi?</u>" (135; 下線筆者)

箇条書き──バーナード・マラマッド「魔法の樽」

>　レオはカードに目をとめ、ソルツマンが手に持って広げているのが六枚であることを見てとった。
>　「それだけですか？」レオはがっかりして言った。
>　「事務所に行けばどれだけたくさんあるか、あなたにはわからんでしょうな」。ソルツマンが答えた。「引き出しはもうどの段もいっぱい、今は樽に入れてます。でも、これからラビになろうっていう人の相手、誰でもいいというわけにはいきませんでしょう？」

「それだけですか？」（So few?）と落胆する主人公のレオに対し、斡旋人のソルツマンは、いかにこれらの候補が選りすぐりであるかを強調します。下線を引いた is every girl good for a new rabbi? というソルツマンの言葉は、この小説の一角にでんと場所を占めるオブセッション──レオとソルツマンが共有するもの──をよく示します。それは「まじめに神学を勉強していこうとする青年には、ふさわしい女性がいるのだ。誰でもいいわけではない」という考えです。

　誰でもいいわけではない、自分にはこれしかないという女性がいるはずだ、自分は自分にとってただひとりの掛け替えのない存在なのだから、結婚相手もそれに見合うだけの唯一性を持っている……このような「絶対無比」への憧れは誰もが共有するものでしょう。その絶対に向けて、ソルツマンは魔法の樽の中身をふるいに掛ける。そこで使われているのが箇条書き的な思考なのです。

>　"First comes family, amount of dowry, also what kind promises," Salzman replied, unbuttoning his tight coat and settling himself in the chair. "After comes pictures, rabbi." (136)

「まずは家族のこと。それから持参金がいくらか。それから結婚後の見通し」。ソルツマンはそう答え、きつめのコートのボタンを外して椅子に腰をおろした。「写真、そのあとですよ、ラビ」

箇条書き（itemization）とは、本来は混沌としてわけのわからないはずの全体を、縮小してアイテムに分解し、並列可能なものとして読み替えるものです。並列というとすぐに想起されるのは、ウォルト・ホイットマンのカタログ的な連鎖のようなものかもしれませんが、「魔法の樽」の並列は、ホイットマンの詩にあるような拡大的な並列とは違って、整理縮小と単純化を目指します。ソルツマンの魔法の樽が「得体の知れない全体」をイメージさせるのだとすると、そこから候補を厳選してわかりやすいまとまりへと整理し、ただひとりの結婚相手を選び取るための準備をする、それがこの小説の並列の原理です。ここにあるのは、「たくさん」をより「少なく」見せ、なおかつそこに「たくさん」の余韻を響かせるというレトリックであり、非常に多くの候補の中からたったひとりを選びたいという青年の、矛盾をはらんだ希望をかなえるものでもあります。

６人分のカードを手にしたソルツマンは、最初の女性を次のように描写していきます。

"Sophie P. Twenty-four years. Widow one year. No children. Educated high school and two years college. Father promises eight thousand dollars. Has wonderful wholesale business. Also real estate. On the mother's side comes teachers, also one actor. Well known on Second Avenue." (136)

箇条書き——バーナード・マラマッド「魔法の樽」

> ソフィー・P。二十四歳。未亡人となって一年。子供なし。教育は高校と短大。父は八千ドルを保証。卸売業は順調。不動産もあり。母方は教師が何人か。俳優もひとり。二番街では名家で有名。

魔法の樽の混沌は、こうして細分化されたアイテムとなっていきます。ただ、ここで見逃してはいけないのは、箇条書きで語る仲介者ソルツマンの言葉から、単なる縮小化や単純化以上の響きも聞き取れそうだということです。

先に触れた is every girl good for a new rabbi? という鋭い修辞疑問に表れているのは、ソルツマンの「知恵者」としての振る舞いです。結婚相手の選び方をめぐって、ソルツマンは依頼者のレオよりも明らかに上手(うわて)なのであり、より多くを知っているらしい。だからつねに彼は依頼者に対し、諭すように、説き伏せるように語ります。

ソルツマンによるかくも明快な箇条書き化の土台となっているのは、この訳知りの声なのです。最小限の情報だけしか提示しない箇条書き特有の寡黙さには、表向き、相手に判断をゆだねるような控えめさがありますが、実際には「さあ、私はこれだけしか言わない。どうだ？　どうする？　決めるのはお前だよ？」というような、内側からこちらを追い立てるような、強迫的でさえある作用が働いているとも読めます。

箇条書きの語りは外側からではなく、内側から圧力をかけることができるのです。なぜか。それは、言葉として完成されていないからです。冒頭で私は、箇条書きに、書かれた文章でも話された言葉でもない中間地点のようなところがあると言いました。文章でも発話でもない、一種未完成の言葉。生の素材。それを私たちは文章として完成させる。つまり、素材は向こう

から与えられるけど、完成させるのはあくまでこちらである。

　箇条書きという形式で提示されるソルツマンの6枚のカードや、女性の経歴は、いずれも、いかにも箇条書きらしく未完成であることによって、青年による完成を待っています。いや、単に待っているだけではなく、完成を強いさえするような引力、もしくは誘惑力を発揮している。そうやって素材を完成に導かせ、自分の声として語らせることで、箇条書きはこちらの内面に侵入し、住み着くのです。

法の声の形式

　ここで思い出されるのは、しばしば法の言葉が箇条書きで語られるということです。〜せよ、とか、〜すべからず、というあれです。しかも主人公の青年は神学を勉強しているという設定になっており、やや皮肉をこめて律法学者などとも呼ばれているわけですから、この小説の箇条書きから連想されるべきは、ユダヤ教的な律法の声だと言えるでしょう。その中でも、もっとも有名なものを「出エジプト記」から引用してみましょう。

---

13. Thou shalt not kill.
14. Thou shalt not commit adultery.
15. Thou shalt not steal.
16. Thou shalt not bear false witness against thy neighbour.

十三　汝、殺すなかれ。
十四　汝、姦淫するなかれ。
十五　汝、盗むなかれ。
十六　汝、隣人を陥れるなかれ。

箇条書き──バーナード・マラマッド「魔法の樽」

法の言葉はこのように、厳しく聞こえます。とくに否定形のものは、その拘束力が目立つ。切り詰められた言葉はまるで物それ自体のようです。物理的な力を持つかのような確固たる不動性を備えている。

しかし、それは必ずしも外から縛るだけではありません。言うまでもなく戒律、とくに宗教のそれは、信者によって自発的に守られねば意味がありません。その際、重要になるのは、まずは権威です。箇条書きにされた法の声は、その短さと寡黙さゆえに、いかにも権威を見せつけるような重みを読む者、聞く者に与える。決定的な言葉というのはしばしば短いのです。短いことでこそ、正しさを誇示する。

しかし、法が守られるためには、言葉が内面化される必要もあります。このあたりは近代史における自己教化という視点から盛んに議論されてきた問題ですので、深入りする必要はないとは思いますが、そうした内面化の助けになるのが、先ほどから触れてきた未完成さでもあるのです。言葉が未完成であれば、人はそれを完成させて自分の言葉として口にしたり、書きつけたりすることができる。法の言葉の切り詰められた厳しい短さは、権威の響きとともに、欠落もしくは不足をも示しており、だから私たちはその欠落部分を補うことで文章として完成に導いて、法律そのものを内面化することになるのです。

「魔法の樽」という小説の根底にあるのは、こうした法の声特有の作用ではないかと思います。外側からではなく、内側から響いてくることによって、こちらに力を及ぼそうとするような声。次にあげるのはソルツマンによる女性候補の履歴の再確認なのですが、ここでも箇条書き的な列挙を通して、法の声に似

た何かが聞こえてくるのではないでしょうか。

> "In what else will you be interested," Salzman went on, "if you not interested in this fine girl that she speaks four languages and has personally in the bank ten thousand dollars? Also her father guarantees further twelve thousand. Also she has a new car, wonderful clothes, talks on all subjects, and she will give you a first-class home and children. How near do we come in our life to paradise?" (140)
>
> 「誰ならいいと言うのか?」ソルツマンはつづけた。「あなたはこの素晴らしい女性、駄目だと言う。四つの言語をしゃべり、銀行には一万ドルの貯金。お父さんはさらに一万二千ドルを用意するとも言っている。新しい車も、素晴らしい洋服も持っている。あらゆる話題に通じている。第一級の家庭と子供たちをあなたにこしらえてくれますよ。まるでこの世の楽園ではないですか?」

 おもしろいのは、ソルツマンの英語が必ずしも流麗なものではないということです。Also が連続して使われたり、if you not interested のような箇所で動詞が抜けている、あるいは she has a new car, wonderful clothes, talks on all subjects のような形容もたいへん大ざっぱです。おそらく移民文化圏の出身なのであろうソルツマンの英語は、全体に舌足らずで機械的な並列性が強いのです。しかし、それがかえって箇条書きらしさを強調することになる。ソルツマンの言葉がエキゾティシズムを響かせれば響かせるほど、日常的に話されたり書かれたりする言葉とは別のレベルの何かが見えてくるのです。

 もちろん、この女性の履歴の再確認は、そもそもソルツマン

の「間違い」ゆえに行われなければならなかったものです。ソルツマンの法の声にどこか信用ならないところがあるのも事実。しかし、そういう裂け目を通しても、法の声を突き抜けようとする何かがこの小説には露出しています。

ひと息で語る

ソルツマンが用意した6人の候補は、ことごとくレオの期待を裏切ります。その結果、レオは単に相手に失望するだけではなく、翻って自分自身に絶望することになる。次に引用するのはレオが絶望的な自己認識に至る場面です。レオの心理を語る文体に注目してください。

He gradually realized — with an emptiness that seized him with six hands — that he had called in the broker to find him a bride because he was incapable of doing it himself. This terrifying insight he had derived as a result of his meeting and conversation with Lily Hirschorn. Her probing questions had somehow irritated him into revealing — to himself more than her — the true nature of his relationship to God, and from that it had come upon him, with shocking force, that apart from his parents, he had never loved anyone. Or perhaps it went the other way, that he did not love God so well as he might, because he had not loved man. It seemed to Leo that his whole life stood starkly revealed and he saw himself for the first time as he truly was — unloved and loveless. This bitter but somehow not fully unexpected revelation brought him to a point of panic, controlled only by extraordinary effort. He covered his face with his hands and cried. (142-43; 下線筆者)

> そうなのだ——虚無感が六本の手を伸ばして彼を捕まえた——自分が業者に結婚相手の斡旋を依頼したのは、自分にそれをする能力がなかったからだ。この恐ろしい洞察を、彼はリリー・ハーショーンと会って話をしたために得た。リリーがあれこれとうるさく訊いてきたおかげで——彼女に対してというよりは自分自身に対し——自分にとって神とはほんとうは何なのかということがわかり、そのことからたいへんな衝撃とともにわかったのは、自分の両親以外にレオは、誰も愛したことがないということだった。あるいは逆かもしれない、自分が神にしかるべき愛を向けることができないのは、人を愛したことがなかったからなのだ。自分の全人生がむき出しになったような気分だった。自分とはどのような人間であるかが、やっとわかった——自分は人に愛されたこともなければ、人を愛したこともないのだ。うすうす勘づいていたこの苦い真実がこうして暴かれると、レオは錯乱状態の寸前となり、必死の思いで自分を抑えるしかなかった。レオは手で顔を覆い、泣いた。

ここは作品の核をなす部分です。レオは箇条書き的思考の限界を思い知る。世界をアイテム化し、整理してならべたところで、絶対無比のものに辿りつくことはできない。ストーリーはこの先さらに展開はしますが、「魔法の樽」を読む人の多くは、この部分を読んで「ああ、そうだったか！」と一気に引き込まれる、そんな箇所です。

　それだけ力にあふれた文章なのですが、その力の源となっているのはおそらく、ひと息に語る、というジェスチャーではないかと思うのです。とくに下線を引いたあたり。キーワードになっているのは reveal（啓示する）という動詞で、これは The Revelation（「ヨハネの黙示録」）／revelation（「神の啓示」「お告げ」）とともに、ユダヤ・キリスト教の文脈で重要な意味を持つ語です。こういう語が中心にあることで、物事の意味が次々

箇条書き——バーナード・マラマッド「魔法の樽」

に明らかにされていく（to be revealed）様子が、一文の中にいくつもの新しい展開をはらんだ長く複雑なセンテンスとして表現されています。つまりレオにとって、啓示というものは、この文章のように、ひと息に、一気に、しかも複雑な曲折を内包しながら訪れるということなのです。

しかし、このような語り口も、必ずしも箇条書きと無縁なわけではありません。たしかに箇条書き的な、ぶつ切れで未完成な粗っぽさはないように見える。箇条書き的な、無機質で抽象的な要約感のかわりに、激しさと熱気に満ちた、生々しい声の連なりが感じられる。でもよく見てみると、ひとつ気づくことがあります。このあたりの文章は、意外に長さの似通ったユニットによって整然と構成されているのです。

Her probing questions had somehow irritated him into revealing／ — to himself more than her —／the true nature of his relationship to God,／and from that it had come upon him,／with shocking force,／that apart from his parents,／he had never loved anyone.／Or perhaps it went the other way,／that he did not love God so well as he might,／because he had not loved man.／It seemed to Leo／that his whole life stood starkly revealed／and he saw himself for the first time as he truly was／ — unloved and loveless. (143)

複雑な内容の文章を「ひと息」に語られたものとして読ませるのは、余計な修飾語のない文章ユニットの一定した短さと、その一定性の連続からくる前進運動なのではないでしょうか。この一節には遡って意味をとらせるような構文はほとんどなく、

最後の落ちとなる unloved and loveless という一言に向けて、文はひたすら前へ前へと進んでいきます。つまり「魔法の樽」においては、こうした部分のいかにも生々しい心理の描写までもが、箇条書き的な並列のリズムに依拠しているということなのです。

　それだけではありません。「魔法の樽」はしばしば幻想的と形容されます。たしかにソルツマンにしろ、主人公が最後に出遭う魔性の女にしろ、どこか現実離れしたところがある。この世ならぬ、異界の人物のように見える。しかし、この小説が「現実」という土台から遊離していると思わせるのは、何より、or という語の用法ではないかと思います。以下はレオが候補のひとりの女性と会い、まずはその魅力に打たれているところです。ソルツマンはやっぱりたいしたものだ、と感心したりしながら、レオがうっとりした気分になっている。

She was au courant, animatedly, with all sorts of subjects, and he weighed her words and found her surprisingly sound — score another for Salzman, whom he uneasily sensed to be somewhere around, hiding perhaps high in a tree along the street, flashing the lady signals with a pocket mirror; <u>or</u> perhaps a cloven-hoofed Pan, piping nuptial ditties as he danced his invisible way before them, strewing wild buds on the walk and purple grapes in their path, symbolizing fruit of a union, though there was of course still none. (141; 下線筆者)

彼女はどんなことにも関心を持ち、物知りだった。その話ぶりからは、思ったよりもしっかりした女性であることがレオにもわかった。ここでもソルツマンは正しかった。そのソルツマンがすぐそのあたりにいるような

箇条書き——バーナード・マラマッド「魔法の樽」

気がして、レオはおちおちしていられなかった。道沿いの街路樹の上の方に隠れているのではないか。手鏡を光らせて女性に合図を送っているのではないか。あるいは蹄の裂けたギリシャ神話の神パンよろしく、踊りながら彼らの歩みを密かに導き、祝婚の調べを笛で奏でているのでは。行く手に野花の蕾や、紫色の葡萄を撒き散らし、ふたりの結合の果実を象徴させているのでは。むろんそんな果実はまだどこにもないのだが。

....

実際に or という語が使われているのは下線を引いた一箇所だけなのですが、引用部全体を通し、「〜だったりして」というふうに次々に仮の想定（speculation）がならべられています。そこには見えない or や as if が含意されていると言ってもいいでしょう。とくに最後の ing の並列には、等価のものを箇条書き的に並列させている感がある（or perhaps a cloven-hoofed Pan, piping nuptial ditties as he danced his invisible way before them, strewing wild buds on the walk and purple grapes in their path, symbolizing fruit of a union, though there was of course still none）。このようにまるで選択肢のようにして動作をならべることが、うっとりと幻想的なイメージをふくらませるのに役立つとともに、例の「ひと息」で語ることの盛り上がりにもつながっています。

　実はこの先を読むとわかるように、この陶酔感のあとには皮肉な展開が待っています。この女性に、ソルツマンが正しくない情報を伝えていたことがわかるのです。そういえば、この部分、一見うっとりと陶酔的でありながら、例の皮肉で訳知り顔の、内側に侵入し迫ってくるような視線もまた機能しているように思えます。いずれにせよ、この一節もまた、小説を通してある箇条書きのリズムをよく生かした箇所だと言えるのですが、

こういう部分に表れているのは、箇条書き的なアイテム化が一方で法の声の束縛を響かせながら、他方では主人公の内面を解放するような役目をも持っている、つまり法の声からの離脱をも可能にしているということです。

　箇条書きは「条文」の趣をたたえることで法と権力とを示唆します。箇条書きには不動性の顔がある。でも同時に、箇条書きは、内面というものを流動的で複数的で選択肢が数々ならんだような、つまりあれこれ何でもありうる世界としても提示するのです。ああでもありうるし、こうでもありうる、それが今の引用では牧神（Pan）の登場などという突飛なイメージにさえつながったわけです。

　考えてみると、レオが絶望に直面した箇所でも、orが決定的な役割を果たしていました（Or perhaps it went the other way, that he did not love God so well as he might, because he had not loved man. It seemed to Leo that his whole life stood starkly revealed and he saw himself for the first time as he truly was — unloved and loveless.)。Orによる飛躍——現実を相対化し、仮想的なものをそこに置き換えてみる——があるからこそ、レオはさらに一歩認識を進めることができた。それが果たして深い洞察なのか、あるいは妄想にすぎないのかは微妙なところですが、私たちがレオとともにこの内面の流動感を体験することに「魔法の樽」という小説を読むことの意味はありそうです。法の声によってがっちりと拘束されることもあれば、次々に連なる妄想によってあてどもなく彷徨しもする内面。箇条書きとは、文章として完成されないまま揺れ続ける内面を言葉へとほぐしていくための、たいへん有効な装置なのです。

箇条書き——バーナード・マラマッド「魔法の樽」

結末部、「知恵者」であるソルツマンの反対をふりきってレオが魔性の女ステラへと走るところまで読むと、まるで法のように屹立するその妄想の力に、思わず説得されてしまう人も多いのではないでしょうか。

バーナード・マラマッド（1914-86）

アメリカのユダヤ系小説家。貧しい移民など、困難や苦悩に堪える人間たちを、静かで簡素な筆致で描き、良質の抒情を浮かび上がらせた。リアリスティックな描写のなかに幻想性、寓意性を忍び込ませる手腕が光る。代表作に『アシスタント』（1957）、『もうひとつの生活』（1961）、『修理屋』（1967）、短篇集『魔法の樽』（1958）、『フィデルマンの絵』（1969）、『レンブラントの帽子』（1973）。

DL002368：© David Lees/CORBIS/amanaimages

chapter 11

no sooner . . . than 構文
——ヘンリー・フィールディング『トム・ジョーンズ』

たとえば水村美苗の『日本語が亡びるとき』を読んで、突然、「よし英語の勉強をしよう！」と思い立った人がいたとしたら、どんな勉強法を薦めたらいいでしょう。あるいは何を薦めたら、やる気を持ってもらえるでしょうか。高校や大学を卒業して、ふだん英語に接する機会がなくなると、多くの人にとって英語というものは、ある日突然降って湧いた災いのようにして訪れるということになりやすい。そういうとき、どうしたらいいか。インターネットでBBCのニュースを聴く、とか。ペーパーバックを読んでみる、とか。家族と英語で話す、とか。でも中には、少数派かもしれませんが、コツコツと英単語を覚えようとする人もいるかもしれません。

　英語学習の「はじめの一歩」は、時代によって変化してきました。かつては単語を覚えることがひとつの基本で、それから熟語、構文、パラグラフ構成というふうに、建物を組み立てるようにして部品を積み上げるイメージがありました。実際には、私たちはそのようなピラミッドを意識しながらしゃべったり作文したりするわけではありません。最初に単語を決め、それからフレーズを選び、じゃ、どの構文にしようか、などと考えて文章をつくる人はまずいないでしょう。したがって「発信」ということが重視される中で、このようなピラミッドモデルは影をひそめがちになってきました。いざしゃべる、いざ書く、というときのイメージとはどうもずれている。

　しかし、この一見古くさい分類学的モデルが、まったく役に立たなくなったわけではありません。英語をしゃべったり書いたりするためには、どうしたって単語や熟語や構文を知らなければ話にならないわけですし、英語の仕組みを理解するための

no sooner . . . than 構文──ヘンリー・フィールディング『トム・ジョーンズ』

モデルを知っておくのは無駄なことではありません。

とくに一度組み立てられた文章を読むときには、単語→句→構文といったピラミッド式の見取り図はとても有効です。完成された文章というのは、よくできたものであればあるほど、すきがないというのでしょうか、その構築の仕組みを明らかにするのが難しいものです。そんなときにピラミッド式のモデルを想定してみると、一見したところ見えない背後のメカニズムが見えてくることがあります。

今回とりあげるヘンリー・フィールディングの『トム・ジョーンズ』は、まさにこのようなアプローチがふさわしい作品かもしれません。ペーパーバック版でも900頁近くあるこの18世紀の長編小説を、いったいどうやって語ったらいいか。数多くの個性豊かな人物と出逢いながら繰り広げられるトム・ジョーンズの冒険喜劇は、出生の秘密あり、殴り合いあり、浮気あり、懐かしい再会ありと、プロットだけを見てもそれなりに魅力的なのですが、この長大な作品を飽きずに読ませる力の源は、何より、一歩一歩進む語りの声ではないかと思えます。フィールディングの文章は実にスキのない緊密な筆遣いが特徴で、これだけの長さの作品であるにもかかわらず、決して斜め読みを許さないような、腰の強い、粘り気に富んだものになっています。安易にプロットだけで読むことを許さない文体なのです。

このような効果は、いったいどのようにして生み出されているのでしょう。今、あえて「粘り気」などという印象主義的な言い方をしましたが、そのあたりをもう少し具体的に検分してみたいのです。そのときにまず助けになりそうなのが、英語学習者なら誰でも知っている、有名な no sooner . . . than という

構文です。この構文を取っかかりにして、以下、『トム・ジョーンズ』におけるフィールディングの文章の階層構造について考えてみたいと思います。

登場人物の必須条件

　『トム・ジョーンズ』は全部で18巻から成り、それぞれの巻に10から15の章があります。テクスト全文を掲載しているネット上のサイト（http://darkwing.uoregon.edu/~rbear/jones/jones.html など）で調べてみると、平均してだいたい1章に1回くらいの割合でno sooner . . . than という構文が出てくることがわかります。『トム・ジョーンズ』の1章というのは、オックスフォード版ではだいたい4～5頁ですから、この頻度は比較的多いと言えるかもしれません。ただ、目について仕方がないとか、異常に多いというほどでもない。むしろ、ほどよく小説のペースをつくる程度の割合といったらいいでしょう。

　no sooner . . . than 構文は、学校英語では「…するや否や～する」という訳文をあてがわれるのがふつうです。「…する」わけですから、そこには「行為」が含意されています。とくに性急さ。『トム・ジョーンズ』はピカレスク小説とも呼ばれるもので、主人公のドタバタめいたアクションがちりばめられている作品です。この構文が多く用いられるのも自然といえば自然でしょう。物語の展開をある程度のスピード感とともに表現するのに、こうした構文は便利なのです。

　しかし、粗筋だけを見れば性や暴力といった「行為」にあふれているわりに、必ずしもこの小説は、私たちを性や暴力の荒々しさに巻き込むような書き方はされていません。no sooner . . .

no sooner ... than 構文——ヘンリー・フィールディング『トム・ジョーンズ』

than という構文も、時間的「近接」を激しさや暴力性とともに表すというよりは、もっと別の何かの表現につながっているように思えます。

　例をひとつ見てみましょう。物語はすでに後半。離ればなれになっていた主人公のトム・ジョーンズとソフィアは、ロンドンで今にも再会を果たそうかというところまできています。親元から逃げ出したソフィアはベラストン公爵夫人邸に身を寄せている。ソフィアはここへきて、求婚するフェラマー卿にしつこく追い回されています。実はベラストン公爵夫人がひそかにソフィアとフェラマー卿を結びつけようと画策しているのです。そうすることで彼女は、ソフィアの恋人であるトム・ジョーンズを自分のものにしようとたくらんでいる。ソフィアはそんなことなど知らず、ベラストン公爵夫人を信頼して、何とかフェラマー卿を遠ざけようとしています。フェラマー卿の来訪が告げられるこの一節は、そのあたりの機微がよく出ている場面だと言えるでしょう。

Lady Bellaston was in bed, though very late in the morning, and Sophia sitting by her bedside, when the servant acquainted her that Lord Fellamar was below in the parlour; upon which her ladyship desired him to stay, and that she would see him presently; <u>but the servant was no sooner departed than poor Sophia began to entreat her cousin not to encourage the visits of that odious lord</u> (so she called him, though a little unjustly) upon her account.
(695; 下線筆者)

　ベラストン公爵夫人は、昼近くだというのにまだベッドにいて、ソフィ

アはその脇に腰掛けていた。そこへ召使いが、フェラマー卿が下の応接間に来ていると知らせたので、待っていただくように、すぐにお会いするから、と公爵夫人は伝えさせた。ところが召使いが去るや否や、ソフィアは従姉妹の公爵夫人に、お願いだからあたしのためだと思って、このいやらしい男爵（というのはソフィアの言い方。やや不当だが）があまり訪問してこないようにしてほしいと頼んだ。

　ソフィアは、召使いが退いたあとすぐに、フェラマー卿が近づかないようにしてくれ、とベラストン公爵夫人に頼みます。そこに no sooner . . . than が使われている。この構文はここではたしかに行為の「時間的近接」を表すものではありますが、必ずしもその速さや激しさに焦点があてられているわけではありません。何秒後だったか、ということは問題ではないし、読者もとくに意識しないはずです。大事なのは、いかにすぐソフィアがベラストン公爵夫人にお願いしたかという事実よりも、いかにソフィアが慌ててお願いをしたかという、その心理的な時間です。つまり so sooner . . . than は表向き行為の「記録」ではあるけれど、実際には「記録」として現れない、隠された部分についてこそ語っている。

　このような微妙な二重性を問題にするのは、no sooner . . . than 構文のような一見単純な決まり文句を通して、この作品特有の語りの傾向が明らかになっているからです。今の場面の no sooner . . . than 構文に見られる二重性は、主要人物たちのある重要な側面とパラレルになっているのです。それは、彼らが自分たちの心理について嘘をついている、本心を隠している、ということです。別の言い方をすると、彼らは嘘をつき、気持ちを隠すことでこそ、主要人物たりえている。ベラストン公爵夫

no sooner ... than 構文──ヘンリー・フィールディング『トム・ジョーンズ』

人が自分のたくらみをソフィアに対し隠しているだけでなく、ソフィアの方も、見抜かれているとはいえ、ベラストン公爵夫人に対し、トムのことで嘘をついています。彼らが嘘をつくのは、必ずしも彼らが邪悪だからではありません。そもそもこの小説の世界では、心理というものは隠される必要があるのです。隠されているからこそ、心理は心理たりうるのだと言ってもいい。だから小説の語りも、見えているものをそのまま差し出すという形をとるのではなく、隠されてそのままでは見えないものを、迂回して読者に伝えるという形にならざるを得ないのです。

心理の文法

『トム・ジョーンズ』の世界のこのような特徴は、文章の階層構造にも反映されることになります。このことを、恋愛心理が描写される場面を例にとって考えてみましょう。

物語は、主人公のトム・ジョーンズが領主の娘ソフィアと恋に落ちたあたりから、大きく動き出します。この恋愛が元でトムは罠にはめられ、育ての親から勘当されてしまう。ですから、恋の芽生えの描写は物語の展開上もたいへん重要なわけですが、そこでポイントになっているのが、「相手の気持ちがわかっていなかった」とか「自分のほんとうの気持ちは思いがけないほど激しいものだった」といった、つまり、「心の発見」とでもいうプロセスへの注目です。以下に引用するのは、ソフィアの自分に対する気持ちを悟ったトムの反応を描いた部分です。

....

When these thoughts had fully taken possession of

Jones, they occasioned a perturbation in his mind <u>which, in a constitution less pure and firm than his, might have been, at such a season, attended with very dangerous consequences.</u> He was truly sensible of the great worth of Sophia. He extremely liked her person, no less admired her accomplishments, and tenderly loved her goodness. In reality, as he had never once entertained any thought of possessing her, nor had ever given the least voluntary indulgence to his inclinations, he had a much stronger passion for her than he himself was acquainted with. His heart now brought forth the full secret, at the same time that it assured him the adorable object returned his affection. (189; 下線筆者)

　こうした考えがジョーンズを完全にとらえると、彼の気持ちには動揺が生じた。ジョーンズのように純粋かつ堅固な性格を持たない者であったなら、時が時だったので、これできわめて危険な結果へとつながったかもしれない。ジョーンズはソフィアがすばらしい女性であることをたいへんよくわかっていた。その人柄も好ましいと思っていたし、たしなみにも敬意を持ち、そのやさしさも好きだった。ほんとうのところ、今まで彼は一度たりとも彼女のことを自分のものにしようなどと思ったことはなかったし、自分の気持ちに従おうとしたこともまったくなかったのだから、自覚していたよりはるかに強い情熱を彼女に対して抱いていたことになる。彼の崇める相手が自分の愛情に応えてくれることが確実になると、彼の心はそのすべての秘密を明らかにしたのである。

段落の中心となるのは最後の文章、つまり、「彼の崇める相手が自分の愛情に応えてくれることが確実になると、彼の心はそのすべての秘密を明らかにしたのである」という部分なのですが、このことを言うためになかなか息の長いロジックが組み立てられていることがおわかりかと思います。とくに下線を引いた箇

no sooner . . . than 構文――ヘンリー・フィールディング『トム・ジョーンズ』

所に見られるような仮定法はくせ者です。この仮定法そのものは文の中でいったん意味を完結させるのですが、こうした仮定法の挿入のおかげで、文章は「現実にそうであること」と「あくまで仮想であって、現実には起きてないこと」の間を、さらには「ほんとうに言いたいこと」と「とりあえず言っておくこと」との間をより自在に行き来できるようになります。つまり仮定法のおかげで、「描写は語り手によって操作される言葉の加工物であり、最後まで読まないと真意はわからない」という雰囲気づくりがなされるのです。

たとえば下線に続く箇所で、He was truly sensible of the great worth of Sophia. という一文がありますが、接続詞も副詞もない、いわゆる単文ですから、これだけを読むと、トムはソフィアがすばらしい女性だと思っていました、というだけのことに見えます。しかし、実際にはそのしばらく後に来る、In reality . . . 以下と呼応し、トムはソフィアがいい人だとは思っていたけど、その程度の判断をはるかに超えた気持ちがトムにはあった、という説明の一貫になっていることがわかります。このようにセンテンスの単位を超えた呼応が可能になるのも、「ほんとうに言いたいこと」と「とりあえず言っておくこと」が混在しますよ、というシグナルが、つねに語り手から送られているからだと言えるでしょう。

このような語りの進め方は、〈単語→句→構文〉という階層構造を意識させることでこそ成立するとも言えます。もしひとつひとつの単語の独立性が高く、句や構文で語るよりも、単語単位のイメージや並列こそが中心なら、言葉はよりモノに近いというのでしょうか、より即物的に私たちに訴えかけてきます。

〈言う〉ということが、そのまま〈ある〉ということを意味するからです。その場合、私たちは論理関係などに注意を払うこともなく、だから、いちいち意味の決定を先延ばしにもせず、いわば頭を休めた状態でひとつひとつの単語を同時進行的に受け取ることができます。そうすると、頭よりも身体を駆動させるような文章の読み方、つまり陶酔感や疾走感を感じ取るような読み方ができるようになります。

　これに対し、階層構造を意識した語りでは、〈言う〉ことが〈ある〉ことを意味するわけではなく、単語であれ、句であれ、より大きなコンテクストの中でどのような働きをするかこそが肝心になるので、私たちは言葉を「果たしてそうだろうか？」「どういうことなのか？」といった留保つきで受け取ることになります。そして、いちいち一段上のメタレベルを意識する必要があるから、そこで語られている言葉に即物的に身をまかせることはできない。そのため、『トム・ジョーンズ』でも文章の「乗り」は抑制され、「とりあえず言っておくこと」（＝従属節）と「ほんとうに言いたいこと」（＝主節）との間を縫うようにして進む語りに対して、私たちは一定の距離感を保ちつづけることになります。読み手は小説世界に没入しようとするより、小説世界の道路地図のようなものを意識しつつじわじわ進んでいくことになる。

　上記引用に続く箇所では、このような特徴がとくに目立っています。

The reader will perhaps imagine the sensations which now arose in Jones to have been so sweet and delicious

no sooner . . . than 構文——ヘンリー・フィールディング『トム・ジョーンズ』

that they would rather tend to produce a cheerful serenity in the mind, than any of those dangerous effects which we have mentioned; but in fact, sensations of this kind, however delicious, are, at their first recognition, of a very tumultuous nature, and have very little of the opiate in them. They were, moreover, in the present case, embittered with certain circumstances, which being mixed with sweeter ingredients, tended altogether to compose a draught that might be termed bitter-sweet; than which, as nothing can be more disagreeable to the palate, so nothing, in the metaphorical sense, can be so injurious to the mind. (189)

おそらく読者は、ジョーンズがこのとき持った気持ちがたいへん甘く心地よいもので、すでに触れたような危険な影響どころか、彼の心には楽しい安寧が訪れるはずと思うかもしれない。しかし実際にはこのような気持ちは、たとえそれがどんなに甘いものであろうと、はじめてそれとわかったときにはたいへん荒々しいものなのであり、また心への鎮静作用もほとんどない。しかも、今回のような場合は、いくつかの事情もあって辛さも伴っているので、これが甘い要素と混じりあうことで、「にが甘い」とでも呼ぶべき一服となる。味覚の観点からすると、これほど嫌な味のするものはないのだから、比喩的に考えても、心にとってこれはこの上なく苦痛に満ちたものとなるわけである。

so that 構文や rather than 構文などによる呼応関係があちこちにありますし、but in fact などという言い方による、より大きなレベルの呼応も目につきます。moreover とか in the present case などという語句の挿入も、全体の構成の中で語るという姿勢を裏付けるものでしょう。

このような語り口は、その内容とも無関係ではありません。

というよりも話の内容は、語り口に従属してさえいます。語り手がここで言おうとしていることを単純化して要約すると、「恋愛は甘さを旨とするはずだから、陶酔と平安を生み出しそうなものなのに、実際にはそうもいかず、心は大いなる動揺に苛まれることになる」ということになるでしょうか。こうした内容を、階層構造の勝った文章で語ることで何が表現されるのか。

　ここでからんでくるのが、例の「心の発見」というテーマです。この作品では、心理について、とくに恋愛心理について語ることが、ふだんなら見えないような奥の方にあるものを見つけ出してくる、という形をとっています。もっと言うと、心の真実というものはふつうは見えないところにあって、それを見えるところに引き出すのが心理描写だという前提がある。前者の引用では、ソフィアの自分に対する気持ちを見出したトムが、その結果、自分自身の気持ちをも知る、その「発見」の過程が重要な出来事として語られていましたし、ふたつ目の引用でも、一見甘そうな恋愛感情というものが、苦みを含むことで正反対のひどくおぞましい味へと転じてしまう、そのアイロニーが、「隠されているものの発見」という形で語られています。

　こうした心理の扱いは、まさにその後、近代の小説が得意とするようになったものですし、隠蔽されていたものを暴くというスタイルが、フロイトやマルクスをはじめ、近現代の知的探求のモデルとなってきたこともしばしば指摘されてきました。[1] ただ、そうした発見の身振りをこのような階層構造の際だつ文章で行ったというあたりが、フィールディングのおもしろさだとも言えます。[2] たとえば上記引用の最後の文を詳しく見てみるとどうでしょう。

no sooner . . . than 構文——ヘンリー・フィールディング『トム・ジョーンズ』

They were, moreover, in the present case, embittered with certain circumstances, which being mixed with sweeter ingredients, tended altogether to compose a draught that might be termed bitter-sweet; than which, as nothing can be more disagreeable to the palate, so nothing, in the metaphorical sense, can be so injurious to the mind.

非常に凝った文章なのでいろんなアプローチがありうるかとは思いますが、階層構造ということでいうと、まずは embittered with certain circumstances とか being mixed with sweeter ingredients といった挿入部分が気になります。so that とか rather than といった構文による階層化が、いわば「組みあげ型」なのに対し、分詞構文の挿入による階層化は「掘り下げ型」と言っていいかもしれませんが、いずれにせよ、そこから階層が生じていることはわかるでしょう。分詞構文は、文の主要部分と比べると、どちらかというと重要ではないような注釈として、もしくは脇道のようなものとして、やや足早に通過されています。

　先ほど『トム・ジョーンズ』の語りは「乗り」を抑制していると言いましたが、その一方で、今指摘したような「足早さ」からはある種の速度感が生まれています。しかし、この速度感は、読み手に小説世界への没入を促して、その身体を引きこむかのような生理的な陶酔を生み出すわけではありません。むしろ、そうした身体感覚は抑制されている。おそらくそれはこの「足早さ」が徹底して、階層構造特有のある種の意識パタンに拠っているからではないでしょうか。そしてそれが、「時間的近接」を表す no sooner . . . than の二重性とも関係してくるのです。

階層で語られる小説

　階層構造特有の意識パタンとはどんなものでしょう。階層構造を支えるのは、〈単語＋単語＋単語…〉→〈句＋句＋句…〉→〈文＋文＋文…〉というふうに、複数の要素が関係づけられるごとにひとつ上のレベルへと繰り上がっていくような意識だと言えるでしょう。それは一対一の同一化で意味を把握するのではなく、複数のものを同時に把握することで意味を得るような意識です。当然ながら、そうした意識は抽象化を伴っているわけですが、この抽象化は、ある程度のスピードとともに行われることになる。たとえば先の引用の冒頭部には次のような一節があります

The reader will perhaps imagine the sensations which now arose in Jones to have been so sweet and delicious that they would rather tend to produce a cheerful serenity in the mind, than any of those dangerous effects which we have mentioned.

一節の中でずいぶんたくさんのことが言われています。この全体を把握するためには、当然ながら下線を引いたような関係詞節は、一段下のものとして足早に読まれる必要がある。

　ここでおもしろいのは、私たちがこのような関係詞節のために仕方なく足早になるわけではないということです。私たちはむしろこうした関係詞節にうながされることで――これらの関係詞節のおかげで――足早になるのです。つまり、フィールディングは、このような従属関係を通して階層構造を意識させることで、スピードを伴った抽象化を「文章の居心地」として表現

no sooner . . . than 構文——ヘンリー・フィールディング『トム・ジョーンズ』

しているのではないかと思うのです。

 そのもっとも明瞭な表れと言えるのが、波線を引いたいくつかの語句です。これらの語句は、この一節の他の単語に比して、明らかに抽象度が高い。抽象度が高ければ、当然意味の負荷は高まり、読み手がそこでつっかえる可能性は高くなりそうなものですが、実際には、これらの抽象的な語は、明々白々な内容をわざわざ抽象的な語で言い直しているにすぎないので、そのような「つっかえ」は起きにくい。たとえば sensations は affection とか love といった一般的な語であってもおかしくないのに、わざわざ抽象性の高い語が使われているにすぎない。a cheerful serenity にしても dangerous effects にしても、「落ち着いた幸福感」とか「激しい情動」といった類の言葉がそこまで出かかっているのにわざと言わないでいる、とそんな言い方になっています。

 このような抽象化は、いわば意図的な回り道のようなものだと言えるでしょう。それは困難で複雑な内容を言うために仕方なく使われているのではなく、むしろ仕方ないふうを装いつつも、ほんとうの眼目は抽象化に伴う局所的な足早さそのものである、というわけです。抽象表現の意味が実際には見え見えで、とりたてて慎重な読解を要しないのであれば、よけいにそうした足早さが際だつことになる。

 このような仕掛けは、no sooner . . . than の例で確認したような二重性とも深くつながっています。主要人物たちが嘘をついて、本心を隠してばかりいるこの小説の語り手は、一方で出来事をそのまま「事実」として記録しつつも、他方では、その裏側にある「真実」をも語らなければならない。召使いの去っ

た後、すぐに相談を持ちかけるソフィアの、時間的な素早さの裏にある、心理的な慌てぶりを伝えなければならない。

　ここにあるのは、人間というものが表の事実と裏の真実との境界上で生きているという意識だと言えるでしょう。フィールディングの生きていた18世紀は、「本心を隠す」(dissimulation)という美徳が上流階級の支配的な価値となった時代であり、英語の書き方にも当然そのような意識が反映されていました。〈言うこと〉は〈あること〉に直につながるのではなく、階層構造特有の幾重もの従属関係を通過して紆余曲折したあげくに、やっと究極の「真実」に達するのです。

　この「真実」に達するためには、物語の語り手はより多くを知り、ふつうなら見えないものをも見る必要がある。逆の言い方をすると、読者に「自分は真実に接しているのだ」と思わせるためには、語り手が読者より多くを知り、読者には見えないものをも見ているのだと、その証拠を示さなければならない。そこで役に立つのが、語り手がより多くの情報を足早に処理し、階層構造のより上に立って広く全体を見渡していることを示すジェスチャーなわけです。

　世の中には、ブログ上の日記などで「ああ忙しい、忙しい、」と繰り返す方がおられますが、多くの読み手が抱くのは必ずしも「そうか、この人は忙しいのだ」という感想ではなく、「この人はどうして、こんなに忙しいと言いたがるのだろう？」という疑問です。私たちは、語りというものを、どうしたってちょっと遅れて、少し斜めから読んでしまう。

　『トム・ジョーンズ』の語り手の忙し気な先走りについても、私たちは素直にその急ぎ足に付き合うのではなく、忙しそうに

no sooner ... than 構文——ヘンリー・フィールディング『トム・ジョーンズ』

している語り手を、ちょっと遅れた地点から、「へえ」と見守っているはずです。小説の節目々々にたくさん出てくる「先回り」の語りも、そんな効果を強めるでしょう。

> **The reader may pretty well guess Blifil's answer; but if he should be at a loss, we are not at present at leisure to satisfy him, as our history now hastens on to matters of higher importance, and we can no longer bear to be absent from Sophia.** (783)
>
> 読者にもブライフィルの答えはだいたいわかるだろう。でも、もしわからないという人がいても、我々の物語はもっと重要な事柄へと向かう必要があるし、これ以上、ソフィアを一人にしておくわけにもいかないので、そのような読者に答えを教えている暇はないのである。

このような忙し気な小走りのジェスチャーは、『トム・ジョーンズ』という小説の、その階層らしさを読者に共有してもらうための重要な装置なのです。小説中の最大の山場は、トム・ジョーンズの出生の秘密が明らかにされる場面でしょうが、それ以外にもあちこちで「実は〜だったのです」という形での暴露は行われています。そうした頻繁な真実の開示が、メロドラマ的な感傷に陥ったり安易な感動につながったりはしない、それどころか一定の皮肉や風刺性こそが生み出されてしまう、というあたりが『トム・ジョーンズ』ならではの「文章の居心地」につながっています。回りくどく、粘着質なのに、同時に軽く、愉快でもあるような心地。それを支えるのが、語り手の「小走り」なのです。no sooner ... than のような構文による「早さ」の描写も、「事実」の先を行くことで「真実」に一足先に辿り着こ

うとする語り手の仕草を、語句のレベルで表現している。その語り手のせわしなさに、まるで登場人物が巻き込まれているかのように、まるで語り手と一緒になって急いでいるかのように見えるところが、何ともおもしろいところなのではないでしょうか。

ヘンリー・フィールディング (1707-54)

イギリスの小説家、劇作家、治安判事。貴族の血を引く紳士階級の家に生まれた。最初は政治的風刺の効いた笑劇で人気を博した。サミュエル・リチャードソンの『パミラ』の成功に対して、偽善的であると強い反発を覚え、パロディ『シャミラ』(1741)を執筆し、翌年にはこれを諷刺する小説『ジョゼフ・アンドルーズ』(1742)を発表して、家柄や富よりも大切な人間の誠実さを説いた。十八世紀英国文学を代表する『トム・ジョーンズ』(1749)は、シンメトリーにこだわった古典主義的作品で、健全で明るいユーモアを特質としている。

注

1 このテーマについての一般的な参考書としてはミッチェル『イコノロジー』など、日本の批評家によるものでは、「告白」のテーマに焦点をあてた柄谷行人『日本近代文学の起源』があります。スパックスが指摘するように、『トム・ジョーンズ』の語りそのものに、「見抜く力」こそが小説家に必須の能力だとする見解は示されています（スパックス、68）。私的なものと公的なものとの障壁を取り除き、従来なら隠されていたはずの個人の秘密を公の場にさらすという方法は、当時としては新しいもので、小説という新しいジャンルの、自伝との近接を示したとされてもいます（ハンター、38；12〜13章も参照）。

2 サミュエル・ジョンソン以来、サミュエル・リチャードソンとフィールディングとを比較して、登場人物の心理描写の正確さや生々しさについては前者の方が上であるとする視点が支配的でした。たしかにフィールディングの心理描写は、その感情の起伏や変化などをあますところなく描くというものではなく、どちらかというとプロットの必要性に従属さ

no sooner . . . than 構文──ヘンリー・フィールディング『トム・ジョーンズ』

せるというものですが、それがまさにフィールディング的な「隠蔽」の妙味につながるとも言えるでしょう。『トム・ジョーンズ』の登場人物の描写を概観した古典的な論考には、ワット『小説の勃興』（9章）などがあります。

chapter 12

美しさ
——メアリー・シェリー『フランケンシュタイン』

いよいよ最後の章です。本書は『文章読本』というタイトルからして、どこかで文章の「技」の奥義に斬りこみたいという野心はあったのですが、力足らず、そこまでは到達しなかったかもしれません。ただ、ひとつ浮かび上がってきたように思うのは、英語文章の要となるのが、いろいろな意味での「タイミング」ではないかということでした。たとえば「出だし」の書き方では、いかに「出だし」が本来的に持っている違和感を処理するかが重要となりますし、緩急のつけ方、文法の崩し方、注目ポイントの操作、繰り返しなど、これまで話題にした文章のさまざまな仕掛けはいずれも、間合いや呼吸といった、「いつ言うか」のタイミングの問題として考えることができそうです。私たちがふだん「リズム」とか「雄弁さ」、あるいはもっと単純に文章の「うまさ」などと呼んだりするものも、結局のところ、俊敏さ、ひねり、流麗さ、展開性など、言葉の速度感とかかわるものなのではないでしょうか。

　しかし、文学作品を素材にしたからこそ同時にわかってきたのは、文章が「技」だけによって書かれるものではないということです。私たちが文章に強い印象を受け、感動したり、好きになったり、あるいは嫌悪感を催したりするのは、そこに「技」を超えた何かがあるからでしょう。たとえば私たちは、ラーキンのこだわる「小ささ」や、ジェイムズのイタリック体、マラマッドの箇条書きなどを、「技」の問題として、それらを効果や作用に還元することで理解してきました。しかし、そこにはどうしても引っ掛かるものが残る。どうしても説明しきれないものがある。それは「なぜ、そうなのか」という疑問です。なぜ、ラーキンは小ささにこだわるのか。ジェイムズがイタリック体

美しさ——メアリー・シェリー『フランケンシュタイン』

的な身振りを示すのはなぜなのか。

　このきわめて魅力的な疑問にとりつかれると、人は作家の伝記を読みたくなったり、全作品を通読したり、精神分析にのめり込んだりするようになる。場合によっては、今では何も痕跡が残っていないような作家の生まれ故郷に足を運んで、写真を撮ったりする。早い話が、作家を愛してしまうのです。

　しかし、「なぜ、そうなのか」という問いには、答えは見つからないかもしれません。なぜなら、多くの書き手が魅力を発揮するのは、わけもなく何かをしていると見えるときだからです。簡単に「なぜ」の答えが出てしまうような挙動には、私たちは動かされない。「いったい何なのだ？」とこちらを唖然とさせるような無根拠なエネルギーと巡り会えばこそ、私たちは動かされる。そうした書き手の「技」を超えた「なぜ」を、一言で指し示す言葉はおそらくないのでしょうが、何とか取っ掛かりだけでも見つけたいと思います。作品としてはメアリー・シェリーの『フランケンシュタイン』を読みながら、そこに浮かび上がる「技を超えるもの」について考えてみましょう。

怪物はよくしゃべる

　『フランケンシュタイン』は1818年、すでにゴシック小説というジャンルが一定の隆盛を見た後の時代に書かれた作品です。今から200年も前の作品ですから、私たちの時代のふつうの小説観に照らしてみると、変だなあ、と思えるところが多いのも当然でしょう。しかし、それにしても、ジェイン・オースティンが『高慢と偏見』や『マンスフィールド・パーク』を書いた時代の作品とは思えないほど、設定のうえで強引なところが目

立ちます。フランケンシュタイン博士が死者の一部から怪物を造ってしまったという部分は、小説の芯を成すアレゴリーですから受け入れざるを得ないとしても、逃走した怪物をとらえるべくアルプスの山中をさまようフランケンシュタイン博士の前に、さーっとものすごいスピードで風のように走るその怪物が現れるとか、言葉をまったくしゃべれないはずの怪物が、周囲を観察することであっという間に言語を習得するといったプロセスは、ご都合主義としか言いようがありません。笑ってしまいそうになる。

しかし、この作品には、小説としての完成度に目をつぶらせてでも読ませる力があります。しばしばミルトン『失楽園』の魔王や、エミリー・ブロンテ『嵐が丘』のヒースクリフなどと比べられる怪物は、そのエゴの強烈さにおいてこちらを惹きつける力があるのです。怪物のエゴが行為や出来事として現れる箇所は、先ほども言ったように、あまりに強引で説得力を欠くことが多いのですが、同じエゴが言葉として、台詞として表現されている部分には凄味(すごみ)があります。

たとえば以下の引用は、怪物が、自分の創造主たるフランケンシュタイン博士に面と向かって恨みつらみを述べ、ある嘆願をしようとする箇所です。とても見様見真似(みようみまね)で言葉を覚えたばかりとは思えない——どう考えても高等教育を受けたような——立派な言葉で語っています。

....

 'Be calm! I intreat you to hear me, before you give vent to your hatred on my devoted head. Have I not suffered enough that you seek to increase my misery? Life, although it may only be an accumulation of anguish,

美しさ——メアリー・シェリー『フランケンシュタイン』

is dear to me, and I will defend it. <u>Remember, thou hast made me more powerful than thyself; my height is superior to thine, my joints more supple. But I will not be tempted to set myself in opposition to thee.</u> I am thy creature, and I will be even mild and docile to my natural lord and king, if thou wilt also perform thy part, the which thou owest me. <u>Oh, Frankenstein</u>, be not equitable to every other, and trample upon me alone, to whom thy justice, and even thy clemency and affection, is most due. <u>Remember</u>, that I am thy creature; I ought to be thy Adam, but I am rather the fallen angel, whom thou drivest from joy for no misdeed. Everywhere I see bliss, from which I alone am irrevocably excluded. I was benevolent and good; misery made me a fiend. Make me happy, and I shall again be virtuous.' (96-97; 下線筆者)

「落ち着け！　俺の言うことを聞いてくれ。俺の呪われた頭にあんたの憎しみをぶつける前に。だいたい、あんたは俺を今より酷い状況に追いこもうとしているが、俺はもう十分に苦しんでいないか？　俺にとって命は単に苦痛の積み重ねにすぎないけれど、それでも俺にとっては大切なものだ。だから俺は命を守る。忘れるな、あんたは俺をあんた自身よりも屈強に作った。俺はあんたよりも高くそびえ、関節もよりしなやかだ。だが、俺はあんたと戦うつもりはない。俺はあんたによって創られた存在だ。俺の生まれついての主であり王である者に対して、おとなしく従順でいるつもりだ。もしあんたが、俺に対するあんたの義務を果たせばだ。ああ、フランケンシュタイン、他の人間には公正に振る舞って、俺をだけ踏みつけにするのはやめろ。俺にこそ、あんたの正義や、慈悲や、愛情は向けられるべきだろう。忘れるな、俺はあんたの創造物だ。俺はあんたのアダムとなるべきなのだ。なのに、俺は堕天使だ。俺は何も過ちを犯していないのに、喜びを奪われている。見渡せば世には幸せが満ちあふれているのに、俺だけがどうしようもなくそこからのけ者にされているのだ。俺にあるのは善意だ。俺は善良だ。俺を悪魔に変えた

のは苦しみだ。俺を幸福にしてくれ。そうしたら前のように高潔になれる。

怪物は博士に、自分のパートナーをつくって欲しいとお願いしようとするのです。それに先立って、いかに自分が不幸であったか、なぜ博士は自分を幸福にする義務があるか、といったことを述べています。

　この引用箇所で注目したいのは、まず次のことです。小説という設定に則り、この箇所でも怪物と博士との間の台詞のやり取りが、だいたい直接話法で記されています。しかし、この怪物の台詞を読むと、それだけでもなさそうなのです。明確には書かれていない相手の発言や仕草が、そこここに埋め込まれているかのように読める。それがとくに表れているのが下線で示した箇所です。こうしたところ、怪物がRememberとかOh, Frankensteinといった言葉を使って相手に働きかけていると読めます。まるで、フランケンシュタイン博士がそっぽを向いてしまったり、首を横に振ったり、「え？　そんなことないでしょ？」と反論してきている、それに対する反応として、言葉を選び直しているような。つまり、こうした呼びかけや逆接には、相手の出方に反応するかのような「態度のあらため」が織りこまれている。

　これを「対話的」とまとめることで一件落着とするのは、少し我慢しましょう。考えてみると、ジェイン・オースティンの小説でも、重要な場面になると登場人物たちは長い演説にふけったものです。『高慢と偏見』でコリンズ氏やダーシー氏がプロポーズする場面はその最たる例。オースティンとシェリーは、

美しさ——メアリー・シェリー『フランケンシュタイン』

小説書きとしてはまったく反対の陣営に属していたと言えるでしょうが、人物に長い演説をさせるという点では、当時の小説作法を共有していたのかもしれません。ただ、『高慢と偏見』のプロポーズの場面では、エリザベスに言葉を挟む間を与えずに一方的にまくしたてる男たちがやや皮肉な視線で描かれており、そうした男たちの勝手な発言をちょっと意地悪く遮ってみせるところから、エリザベスの痛烈な逆襲が始まることにもなります。オースティンには、演説にふけってしまう人物から距離を置くような姿勢があるのです。語る、ということに対する懐疑があった。そこからは「そんなにしゃべっちゃって、もお、やあね」という視線が読めます。

これに比べると、『フランケンシュタイン』の怪物はどうでしょう。この作品にもし「そんなにしゃべっちゃって、もお、やあね」という視線があったら、小説としてまったく機能しないのではないでしょうか。この小説は、怪物に発言を許すことでこそ成り立っているのです。怪物は一見、相手の出方に合わせて対話的に振る舞っているように見えなくもないのですが、私たちはこうした箇所でほんとうに、フランケンシュタイン博士がそっぽを向いたり、首を横に振ったりする様を想像する必要があるのでしょうか。実際には、こうした箇所で怪物の態度がほんとうにあらたまっているわけではなく、単に自分にとって都合のいいように相手の出方を仮想しているにすぎないのではないでしょうか。表向き対話しているようでいて、むしろ相手の存在を踏み台にして自分の発言に酔っている。

酔っているからこそおもしろいのです。魅力的なのです。ここは怪物のエゴの強烈さや、狂気や、悪や、運命が一気に露出

する場面だと思いますが、それを支えているのは、怪物にこのように延々と語らせてしまう「何か」なのです。それがよりはっきりわかるのはもう少し先の部分です。

'… Yet it is in your power to recompense me, and deliver them from an evil which it only remains for you to make so great, that not only you and your family, but thousands of others, shall be swallowed up in the whirlwinds of its rage. Let your compassion be moved, and do not disdain me. <u>Listen to my tale</u>: when you have heard that, abandon or commiserate me, as you shall judge that I deserve. <u>But hear me</u>. The guilty are allowed, by human laws, bloody as they are, to speak in their own defence before they are condemned. <u>Listen to me, Frankenstein</u>. You accuse me of murder, and yet you would, with a satisfied conscience, destroy your own creature. Oh, praise the eternal justice of man! Yet I ask you not to spare me: <u>listen to me</u>; and then, if you can, and if you will, destroy the work of your hands.' (97; 下線筆者)

「……だけど、あんたなら俺に償うことができる。そうすれば俺の敵たちも災いに遭わずに済むのだ。あんた次第で、その災いはとてつもなく大きなものとなって、あんたやあんたの家族だけでなく、多くの人間たちを怒りの嵐に飲みこませ、破滅させることになるだろう。慈悲の心を持て。俺を足蹴にするな。俺の話を聞いて欲しいのだ。聞いてから、見捨てるか哀れむか、あんたが判断すればいい。とにかく話を聞いてくれ。人間の法律では、どんなに残虐な犯罪者でも、刑を言い渡される前に自己弁護をすることが許されているだろう。聞いてくれ、フランケンシュタイン。あんたは俺が人殺しだと言うが、あんたは良心の呵責も覚えずに、自分が生み出した存在を抹殺しようというのだ。まったく、人間の正義は永遠さ。だけど、命を助けて欲しいというのじゃない。聞いてく

美しさ──メアリー・シェリー『フランケンシュタイン』

れ。そして、それでもできるなら、それでもそうする意志があるなら、自分の手で自分の造り出したものを抹殺すればいい。」

「俺の話を聞いてくれ！」という言葉が繰り返し挿入されているのがおわかりかと思います。この「聞いてくれ」(listen to me) という言葉は、怪物の議論においてはほとんど重要な意味を持っていません。つまり、意味の上では削除可能な言葉なのです。たしかにこれに先立ち、語ろうとする怪物を博士が黙らせようとしたり、耳を塞いだりするという場面はありましたが、ここで私たちは、博士が耳を塞ごうとしていることをいちいち示されているわけではない。

現代英語の会話でも、相手に対する感情がほとばしったときや、重要ポイントを激しい思い入れとともに強調したいときに、listen to me というフレーズを挿入することはしばしばあります。ここの listen to me は、むしろこれに近いでしょう。つまり、実質的な意味を持つのではなく、勢いに乗ったために言ってしまうような言葉。議論の連鎖を助ける潤滑油のような装置。[1]

歌う怪物

怪物にこのように語らせてしまう「何か」を考えるにあたっては、listen to me というような言葉の、意味の上での空虚さを頭に入れる必要があるように思います。こうした言葉、非常に単純化していえば、装飾にすぎないのです。皮肉と言えば皮肉なのですが、醜いはずの怪物の台詞が、もっとも装飾的、つまり「美文的」になる。別の言い方をすると、ここでは怪物は厳選された、一回限りの、取り返しのつかない、この状況のため

だけの言葉を語っているのではない。怪物が語るのは、制度の言葉なのです。共同体的で、群衆的で、まさに「我」を忘れたような言葉。昔から使われてきて、他の多くの人も使うであろうような、汎用性の高い言葉。

　近代の英語散文は、こうした制度的な「美文」を排除することで、その切れ味をとぎすませてきました。制度ではなく、個を語ることに主眼がおかれてきた。男たちの演説を疑ってみせるジェイン・オースティンの主人公には、明らかにそうした態度が読めるでしょう。しかし、メアリー・シェリーの「散文」の主人公たるこの怪物は、ほかに比するものがないようなとんでもなく珍しい存在であるにもかかわらず、非常に美文的で、集団的な言葉を語る。怪物でなくとも、誰が言ってもいいような言葉で語っているのです。

　では、なぜ怪物はこのように空虚な言葉で語るのか。ここであらためて listen to me という句の意味に立ち返る必要があるでしょう。この「聞いてくれ」という怪物の願いの背景にあるのは、自分の話が聞かれていない、という前提です。あなたはわかってない、ちゃんと俺／あたしの言うことを聞いていない、と。Remember のような呼びかけにも、根本のところでは、こちらの言うことをちゃんと聞いてくれ、という切迫した要求がこめられていると言えるでしょう。

　もし怪物が listen to me をはじめとした、いわば紋切り型の挿入句をふんだんに使うことでこそ、美文的に自分の語りを進めているのだとしたら、彼の語りの原動力は「自分は話を聞いてもらっていない」という前提だということになるでしょう。そして、確かに、彼は話を聞いてもらってはいないのです。な

美しさ──メアリー・シェリー『フランケンシュタイン』

ぜなら、彼の言葉は決して彼自身の言葉ではなく、制度の言葉にすぎないから。怪物が熱くなって盛り上がり興奮すればするほど、その言葉は美文化して個別性を喪失し、誰のものでもいい言葉になってしまう。

　ほんとうは listen to me という句には、強引な「押し」と同時に、ある種の「引き」が混じるはずです。Listen という命令形は『失楽園』的な広大で荒涼とした情景を連想させるけれど、その一方で正しく listen するためには、つまり相手の言葉に耳を傾け聞きとどけるためには、黙り、そして静寂を用意する必要もある。だから、この呼びかけは居丈高で声高なようでいながら、静かで密室的な空間を希求する言葉でもありえるのです。静けさの中で、自分の産みの親である博士と、ふたりだけで信頼関係を持って話し合いたいという、怪物の切実な願いが表現されうる言葉である。

　しかし、怪物の美文的な雄弁さはそのような可能性を封印してしまう。怪物自身のあまりに声高な台詞は、やかましい「演説」となってしまうのです。それは近代散文の作法からすると、かさばるばかりで切れ味が悪く、長い射程を持たないような言葉なのです。

　おそらく『フランケンシュタイン』という小説の核心は、このあたりにあるのでしょう。つまり、怪物は理解され、愛されたいと激しく望んでいるのだけれど、人間の言葉を覚えてしまったがために、本人にしかわからない彼の独特な運命は、紋切り型の美文として響いてしまい、彼だけしか知らない固有の運命としては伝わらない。それは誰もが知るような「悪」へと、つまり、もはや「悪」ですらない、一種の崇高で美しい陶酔感に

満ちた「歌」へと変換されてしまうのです。

怪物がどうしても言いたかったこと

　『フランケンシュタイン』という作品が多くの読者を得てきたのは、この「歌」のおかげもあるかもしれません。私たちは、散文的な個別性をやぶって噴出するこの「歌」の美しさにたいへん弱いです。ふだん「詩」として売られている書物などには見向きもしない人でも、散文性の中に制度的な「美文」がまぎれこんでいると、つい酔うことがある。「美文」は、懐メロめいた魔力でこちらを騙すのです。

　この本では扱うことができませんでしたが、英語文章の重要な側面のひとつに祈りの伝統があります。多くの宗教と同じようにキリスト教でも、祈りは方法的に洗練され、儀式の一環となってきました。考えてみると、祈るという行為には、超越者に対する制度化された「聞いてくれ」という願いと、「自分はどうしても～したい」という個別の衝動とが、絶妙のバランスで混在しています。だからそれは、「歌」として共同体的な陶酔感を発揮する一方で、自分だけのことでしかないような密やかな欲望をも担いうる。

　これに対し、『フランケンシュタイン』という小説にあるのは、決して絶妙なバランスなどではありません。怪物が言葉を覚えてしまうことのストーリー上の不自然さは、実は笑い事ではなかったのです。理解不能の「永遠の他者」であるべきだった怪物が、まるで高等教育を受けた国会議員のように人間の言葉をぺらぺらしゃべり始めるために、「歌」があふれてしまう。怪物は決して自分の言葉を語らせてはもらえないのです。

美しさ──メアリー・シェリー『フランケンシュタイン』

　これは明らかに「技」の破綻なのでしょう。しかし、破綻の中からこそ、怪物が「どうしても言いたかったこと」が浮かび上がってもくる。次にあげる箇所には、それが鮮明にあらわれています。先の引用からほどなくして、怪物が博士に対し、出生以来、自分が辿ってきた道を語り始めるところです。いわば怪物の自分史となっている。

'It is with considerable difficulty that I remember the original era of my being: all the events of that period appear confused and indistinct. A strange multiplicity of sensations seized me, and I saw, felt, heard, and smelt, at the same time; and it was, indeed, a long time before I learned to distinguish between the operations of my various senses. By degrees, I remember, a stronger light pressed upon my nerves, so that I was obliged to shut my eyes. Darkness then came over me, and troubled me; but hardly had I felt this when, by opening my eyes, as I now suppose, the light poured in upon me again. I walked and, I believe, descended; but I presently found a great alteration in my sensations. <u>Before, dark and opaque bodies had surrounded me, impervious to my touch or sight; but I now found that I could wander on at liberty, with no obstacles which I could not either surmount or avoid.</u>' (99; 下線筆者)

　「自分が存在しはじめた最初の頃のことは、なかなか思い出せない。その頃に生じたことはみな、混沌として、はっきりしないように思える。いろいろな感覚が自分に降りかかってきて妙だった。俺は一度に見、感じ、聞き、嗅いだ。それぞれの感覚の働きが区別できるようになるまでには、だいぶ時間がかかった。覚えているのは、少しずつ強い光が神経

> を刺激するようになったことだ。だから目を閉じざるを得なかった。それから闇が俺を覆い、恐ろしくなった。ところがそれも束の間、今から思うと目を開けたせいだと思うが、光がふたたび流れこんできた。俺は歩き、それから、どうやらどこかを下って行ったらしい。ところがまもなく自分の感覚に変化が起きた。それまでは暗くはっきりしないかたまりが俺を取り巻いていて、触ることも見ることもできなかったけど、こんどは自分が自由に歩き回り、どんな障害も乗り越えたり、避けたりすることができるようになったのだ」。

人間の知覚がどのように生ずるのかが問題にされ、当時の知的関心の在処(ありか)が反映されているようにも読めるところです。

生誕や始まりは、多くの書物で書かれてきたことです。もっとも有名な例は聖書ですが、さまざまな小説や歴史書で、人間の誕生や部族の成り立ち、国家の形成などが語られてきました。存在の起源について語りたい、というのは「聞いて欲しい」とか「語りたい」という衝動の中でもとくに目立つ要素でしょう。

起源の語りを行うためにこの怪物が使う言葉は、いったいどのようなものか。明らかに、先ほどのフランケンシュタイン博士との対決モードの語りとは違う語り口になっています。そこには、言葉以前への希求がある。人間の言葉を覚える前の、その始原状態のようなものを語ろうと、懸命に静かになろうとしている。

それは言葉の形にも確認することが出来ます。まず大枠としては、生まれ出ることを「今までわからなかったものが少しずつわかる」というプロセスとして表現するため、各文の前半では不明や混沌が語られ、後半でより明確な陳述に至る、というパタンが繰り返されます。たとえば第一文は全体を通して「不

美しさ——メアリー・シェリー『フランケンシュタイン』

明」について語っているのですが、それでも前半は何が「不明」であるのかすらわからないのに対し、後半になると下線で示すように、より明確な confused とか indistinct といった言葉が使われて「不明」さがはっきり言語化される、といった具合です (It is with considerable difficulty that I remember the original era of my being: all the events of that period appear <u>confused and indistinct</u>.)。引用中程の次のような箇所では、but 構文を通してこのパタンがよりはっきりします：Darkness then came over me, and troubled me; but hardly had I felt this when, by opening my eyes, as I now suppose, the light poured in upon me again. このように、文があらたに始まるごとに、「困難をへてあらたな発見に至る」という経緯が、構文の形を借りて繰り返されるわけです。

　これと平行して大事なのが、「私」の書き方です。ひと目見てわかるのは、「私が〜する」という構文が非常に多いことで (I remember, I felt, I saw, I found . . .)、いかに世界が「私が〜する」という鋳型を通して理解されているかがよく伝わってきます。精神分析でいうところの全能感とも似ている。世界は「私が〜する」という形でしか理解されえないものとされているのです。ある種の幼児性を想起させる言葉遣いとも言えるでしょう。ほんの少し前にあった博士との会話における、崇高で複雑なレトリックに比べると、語彙はやさしいし、修飾語も少ない。構文も単純。

　つまり言葉遣いそのものが、「起源」を模倣しているのです。ゼロ地点から発生してきたような言葉、制度化された美文となる以前の言葉になろうとしている。だからこそ、怪物は It is with considerable difficulty that I remember . . . と、言いよどんでみせるわけです。このような箇所からは、自身の起源を語る怪物の、まるで起源そのものに似てしまおうとするかのような、汚れのない素直な息づかいが伝わってくる。

しかし、ちょっと注意してみると、こうした部分にもしっかりと「歌」の要素は混じっています。先ほど注目した冒頭部からして、confused and indistinct という、意味の似た形容詞を二つならべる言い方をしていて、これはいかにも古典的なレトリックを想起させますし、二つめの文の、I saw, felt, heard, and smelt というような自動詞の並列でも、事がどんどん進んでいく展開感を流麗に語ってしまうような「大人」の語り手がすけて見えます。

こうした部分を通して見えてくるのは、『フランケンシュタイン』という小説そのものに内在する「聞いて欲しい」、「語りたい」という原初的な衝動と「大人」の言葉との間の葛藤でしょう。あいまいで、不定形で、混沌とした衝動を、いかに制度的な言葉におさめずに語るか。「ほんとうに言いたいこと」は、いともたやすく「歌」に飲みこまれてもしまうのです。怪物に強引に「悪」と「醜悪さ」のレッテルを貼り付けようとする作家に、自分の主人公を美しくはするまい、そうすることでそれを制度から救おうとする苦心惨憺を読むのは行き過ぎではないかもしれません。おそらく、小説という設定を超えて、シェリーの文章そのものにも「語りたい」とか「始まりたい」といった衝動は隠れているのかもしれない——しかし、それを突きとめるのはこの本の域を超えた作業でしょう。[2]

この箇所でとくに感動的なのは、下線を引いた最後の文だ

美しさ——メアリー・シェリー『フランケンシュタイン』

と思います。文の後半、まるでワーズワスの『序曲』の出だしを思わせるかのような口調で、but I now found that I could wander on at liberty, with no obstacles which I could not either surmount or avoid. と怪物が述懐する箇所には、我慢を重ねて怪物に語らせてきた背後の語り手の、語ることをめぐるかすかな解放感があふれ出ています。つかの間のことですが、怪物の生誕は輝かしい祝福に包まれ、それが「起源語り」特有の躍動感と重なっています。第1章で、いかに文章の「出だし」が苦難に満ち、書き手にとってチャレンジングなものであるかということを強調しましたが、同時に、それほどの困難を乗り越え語られ始められた文章には、しばしば「始まる」ということの高揚感が表れます。それがしばしば「歌」の噴出へとつながってしまう中でも、『フランケンシュタイン』という小説は、何がすべての起源だったのかということを訴えつづけようとしているのではないでしょうか。

メアリー・シェリー（1797-1851）
イギリスの作家。父は政治評論家ウィリアム・ゴドウィン、母はフェミニストの先駆者メアリー・ウルストンクラフトで、知的風土の中で育った。詩人P・B・シェリーと駆け落ちで結ばれる。バイロンとも交流があり、その別荘での夜話会から、人造人間と科学者の悲劇的物語『フランケンシュタイン』（1818）が生まれた。さらに、疫病のために人類が滅亡した未来を描く『最後の人』（1826）を執筆。この二作で恐怖小説・SFの先駆者とされるが、学識を生かした歴史小説なども残した。

注
1　怪物の台詞についてピーター・ブルックスは、「俺の話を聞いてくれ」

という句の反復が、怪物の言語システムからの疎外を示唆するとしています。ブルックスはまた、容姿が醜い怪物の雄弁ということについて、聴覚と視覚のずれ、という問題を立てていて参考になります。

2 作家と作品ということでは、出産を経験したメアリー・シェリーが、怪物を生み出したフランケンシュタインの運命に自分の体験を重ねていたとする読み方がしばしば為されてきましたが、怪物そのものに作家の分身を見るという解釈も、フェミニスト批評を中心に行われています。たとえばベーレントは、言葉を奪われ耳を傾けられることもなく、もっぱら「美醜」で語られてしまう怪物に、社会における女性の位置が見てとれるとしています。

文　献

第1章

Carver, Raymond. *Cathedral* (New York: Random House, 1984)

de la Serre, Puget [ed]. *The Secretary in Fashion, or An Elegant and Compendious way of writing all manner of Letters*, trans. by John Massinger (London: Humphrey Moseley, 1654)

Hartman, Wendy and Tom Hartman (compilers). *Warne's Complete Letter Writer* (London: Frederick Warne, 1983)

カーヴァー、レイモンド　村上春樹訳『大聖堂』(中央公論新社、2007)

※カーヴァーの作品は日本でも人気があり、研究も盛んにおこなわれていますが、ここでは「大聖堂」をクイアの視点から読み解いた次の文献をあげておきます。三浦玲一「コロスは殺せない――カーヴァーの名付けられないコミュニケーション」、平石貴樹・宮脇俊文編『レイ、ぼくらと話そう――レイモンド・カーヴァー論集』(2004年、南雲堂)、135-155。

※なお、英語小説の出だしというと、最近のものでは、千葉一幹・芳川泰久編『名作はこのように始まる Ⅰ』、中村邦生・千石英世編『名作はこのように始まるⅡ』(ともにミネルヴァ書房、2008)、柴田元幸による英米文学名作の書き出し部分訳ばかりを集めた「文藝」2009年2月号(河出書房新社)なども参考になるかと思います。

第2章

O'Connor, Frank. 'A Bachelor's Story' in *My Oedipus Complex and Other Stories*, ed. by Julian Barnes (London: Penguin, 2005)

Watt, Ian. *The Rise of the Novel* (London: Pimlico, 2000)

オコナー、フランク　阿部公彦訳『フランク・オコナー短篇集』(岩波書店、2008)

第3章

Larkin, Philip. *A Girl in Winter* (London: Faber, 1975)

Motion, Andrew. *Philip Larkin* (London: Faber, 1993)

Paulin, Tom. 'She Did Not Change: Philip Larkin' in *Minotaur: Poetry and the Nation State* (London: Faber, 1992), 233-251.

Thwaite, Anthony (ed.). *Selected Letters of Philip Larkin 1940-1985* (London: and Boston: Faber, 1992)

第4章

Bates, Timothy. 'George Eliot's Eclectic Use of Names in *Daniel Deronda*', *George Eliot-George Henry Lewes Studies*, 48-49 (Sept. 2005), 39-52.

Eliot, George. *Daniel Deronda*. ed. with an Introduction and Notes by Graham Handley (Oxford: Oxford UP, 1998)

Murphy, Margueritte S. 'The Ethic of the Gift in George Eliot's *Daniel Deronda*', *Victorian Literature and Culture*, 34 (2006), 189-207.

エリオット、ジョージ　淀川郁子訳『ダニエル・デロンダ』1～3巻（松籟社、1993）

クディラ、フランシス・J　『最新ビジネス英文手紙辞典』（朝日出版社、2001）

第5章

Lessing, Doris. *The Golden Notebook* (New York: HarperCollins, 1999 [1962])

池田光男『眼はなにを見ているか――視覚系の情報処理』（平凡社、1988）

伊藤剛『テヅカ・イズ・デッド――ひらかれたマンガ表現論へ』（NTT出版、2005）

竹内オサム『マンガ表現学入門』（筑摩書房、2005）

レッシング、ドリス、市川博彬訳『黄金のノート』（エディ・フォア、2008）

※ なお、「英語青年」2008年2月号ではレッシングの特集が組まれています。『黄金のノート』の邦訳で知られる市川博彬氏による「『黄

金のノート』：正気の中の狂気」には作品の詳細な記述があり、参考になります。

第6章

※ 2006年の日本オースティン協会設立準備大会では、オースティンのダッシュの使い方に注目した興味深い発表がありました（京都大　橋詰清香氏）。英語における句読点の歴史についてはM.B. Parkes. *Pause and effect: An introduction to the history of punctuation in the West* (Berkeley: University of California Press, c1993), Roger Lass (ed.). *The Cambridge History of the English Language,* vol.3 1476-1776 (Cambridge: Cambridge UP, 1999) などを参照のこと。その他の文献は以下の通り。

Kiesel, Alyson. 'Meaning and Misinterpretation in *Cranford*', *ELH*, 71 (2004), 1001-17.

Gibaldi, Joseph. *MLA Handbook for Writers of Research Papers*, 6th ed. (New York: The Modern Language Association of America, 2003)

Gaskell, Elizabeth. *Cranford*, ed. by Patricia Ingham (London: Penguin, 2005)

Meir, Natalie Kapetanios. '"Household forms and ceremonies": narrating routines in Elizabeth Gaskell's *Cranford*', *Studies in the Novel*, 38.1 (Spring 2006), 1-14.

ギャスケル、エリザベス　小池滋訳『女だけの町』（岩波書店、1986）

ジバルディ、ジョゼフ　樋口昌幸・原田敬一訳『MLA英語論文の手引』第6版（北星堂、2005）

第7章

James, Henry. *The Golden Bowl* (London: Penguin, 1985)

ジェイムズ、ヘンリー　青木次生訳『金色の盃』（上・下）（講談社、2001）

第8章

Cohn, Dorrit. *Transparent Minds: Narrative Modes for Presenting Consciousness in Fiction* (Princeton: Princeton UP, 1978)

Lass, Roger (ed.). *The Cambridge History of the English Language*, vol.III 1476-1776 (Cambridge: Cambridge UP, 1999)

Woolf, Virginia. *To the Lighthouse*, ed. by Stella McNichol (London: Penguin, 1992)

遠藤不比人・大田信良・加藤めぐみ・河野真太郎・高井宏子・松本朗編『転回するモダン――イギリス戦間期の文化と文学』(研究社、2008)

ウルフ、ヴァージニア　御興哲也訳『灯台へ』(岩波書店、2004)

第9章

※ 語り手ジムと作者キャザーとがどの程度重なり合うかについては、キャザーの同性愛問題と絡めてさまざまな解釈が試みられています。その中でも Marilee Lindemann, '"It Ain't My Prairie": Gender, Power, and Narrative in *My Ántonia*'(*New Essays on* My Ántonia, ed. by Sharon O'Brien [Cambridge: Cambridge UP, 1999])は、いかにジムの男性的な声が女性たちの声を押さえこむかに焦点をあてていて、参考になります。

Cather, Willa. *My Ántonia*, in *Cather: Early Novels and Stories* (New York: The Library of America, 1987)

キャザー、ウィラ　浜田政二郎訳『私のアントニーア』(河出書房、1951)

第10章

※ マラマッドはユダヤ系移民の独特の英語を小説中に再現するのがうまいと言われてきました。Hana Wirth-Nesher, *Call It English: The Languages of Jewish American Literature* (Princeton: Princeton UP, 2006)はとくにこの問題に焦点をあてた研究書です。その他の文献は以下の通り。

Malamud, Bernard. 'The Magic Barrel', in *Bernard Malamud:*

The Complete Stories, ed. by Robert Giroux (New York: Farrar, Straus and Giroux, 1997)

マラマッド、バーナード　加島祥造訳『マラマッド短編集』（新潮社、1971）

第11章

※ フィールディングの文章は、しばしば18世紀文学の特徴としてあげられるシンメトリカルな均衡を多用しているとされ、アレグザンダー・ポウプが上手に使った二行連句との類縁も指摘されてきました。清教徒革命などの動乱をへたイングランドでは、相対立する力を均衡させることで秩序を回復しようとする傾向が顕著になったわけですが、そうした政治的な背景と文体とを結びつけようとする見方はつねに説得力を持ってきました（ローソンなど。18世紀的文体についての概説はマッキントッシュ参照）。また、一見「脱線」と見えるものが、実は全体の中でみると重要な役割を果たしている、という指摘は語り手自身が行っています。このことの意味についてはスティーヴンソンを参照してください（6-11）。ポライトネスについてはデイヴィッドソンなど文献は多数あります。

柄谷行人『日本近代文学の起源』（講談社、1988）

ミッチェル、W.J.T.　藤巻明、鈴木聡訳『イコノロジー――イメージ、テクスト、イデオロギー』（勁草書房、1992）

フィールディング、ヘンリー　朱牟田夏雄訳『トム・ジョウンズ』（第1〜4巻）（岩波書店、1951-55）

Davidson, Jenny. *Hypocrisy and the Politics of Politeness: Manners and Morals from Locke to Austen* (Cambridge: Cambridge UP, 2004)

Fielding, Henry. *Tom Jones*, ed. by John Bender and Simon Stern (Oxford: Oxford UP, 1996)

Hunter, J. Paul. *Before Novels: The Cultural Contexts of Eighteenth Century English Fiction* (New York: Norton, 1990)

McIntosh, Carey. *The Evolution of English Prose, 1700-1800: Style, Politeness, and Print Culture* (Cambridge: Cambridge UP, 1998)

Rawson, Claude. 'Fielding's Style', in *The Cambridge Companion to Henry Fielding*, ed. by Claude Rawson (Cambridge: Cambridge UP, 2007), 153-74.

Spacks, Patricia Meyer. *Novel Beginnings: Experiments in Eighteenth-Century English Fiction* (New Haven: Yale UP, 2006)

Stevenson, John Allen. *The Real History of Tom Jones* (New York: Palgrave, 2005)

Watt, Ian. *The Rise of the Novel* (London: Pimlico, 2000)

第12章

Behrendt, Stephen. 'Mary Shelley, *Frankenstein*, and the Woman Writer's Fate' in *Critical Essays on Mary Wollstonecraft Shelley*, ed. by Mary Lowe-Evans (New York: G.K. Hall, 1998)

Brooks, Peter. 'What is a Monster? (According to *Frankenstein*)' in *Body Work* (Cambridge, MA: Harvard UP, 1993), 199-220

Shelley, Mary. *Frankenstein or The Modern Prometheus*, ed. with and Introduction and Notes by Maurice Hindle (London: Penguin, 1992)

シェリー、メアリ　森下弓子訳『フランケンシュタイン』(東京創元社、1984)

※ 廣野由美子『批評理論入門──『フランケンシュタイン』解剖講義』(中央公論新社、2005) は、この作品を素材にして批評理論の概説を行ったもので、文献リストを含め参考になるかと思います。

あとがき

　英語でお悩みの方は多いようです。読めない、書けない、話せない。つらい、重い、つまらない。症状は各人いろいろ。私自身、英語を専門にしているくせに、ときに「英語を読むと眠くなる病」に陥ることがあります。困ったものです。

　でも、発想を転換してはどうでしょう。私たちは誤ったイメージを抱いているのではないか。英語というと、神秘的かつ絶対的な真実が高々とモンブランのようにそびえていて、旗を掲げた英語の先生とともにその最高峰目指し、徒歩で一歩一歩登っていくのだと考えがちです。たしかにこれは"イメトレ"[1]としては役に立つでしょう。きちんと英語の勉強をしていく上ではこうした《モンブラン型》の心構えが有効なのはまちがいありません。

　しかし、ひとつ忘れてはいけないことがあります。それはこの"イメトレ"が有効なのが、もともと英語でお悩みではない方に限るということです。それはそうです。英語でお悩みの方は、そもそも山なんか登りたくないのです。

　モンブランはやめようよ。

　私はこう言いたい。遠くの山に登るよりも、まずは自分の部屋から一歩、外に出ることです。英語はすでに、私たちの身近にたくさんころがっているではありませんか。変な奴かもしれません。珍妙です。なら、どの辺が変か、のぞいてみる。挨拶してみる。突っついてみる。遠く彼方にあるのを仰ぎ見るより、まずはお付き合いしてみましょう。さわってみると意外と馴染

---

[1] イメージ・トレーニングのこと。

みがいいのです。この本は、みなさんがそうやって英語になじむためのお手伝いをします。だから、どの章から読んでもらっても構わない。いや、読まなくてもいい。部屋に転がしておくだけでも効果はあるかもしれません。

でも全部読んだら、ひょっとすると、あ、英語ってまるで日本語みたいだ、と思う方もおられる方もいるかもしれない。こうなれば、しめたものです。

本書の元になったのは、『英語青年』に2008年4月号から2009年3月号まで連載した「英語文章読本」というシリーズです。紙媒体の『英語青年』はこの2009年の3月号をもって終了してしまい、何かと感慨深いのですが、雑誌そのものは現在も『Web英語青年』として継続しており、「英語文章読本」も連載されております。よろしかったらのぞいてみてください。

なお、フィールディングを扱った第12章だけは『Web英語青年』第1号（2009年4月号）に掲載されたものです。それから連載第8回の「丁寧——J・D・サリンジャー『ライ麦畑でつかまえて』」は版権の都合で本書に収めることができませんでした。また、連載時には作品原文のみを引用しましたが、単行本化に際し拙訳を付しました。翻訳に際しては既訳も大いに参考にさせていただいたことを感謝とともに付記します。

編集は『英詩のわかり方』に続き、敬愛する先輩である星野龍氏にしていただきました。雑誌連載も、ちょうど同時期に『英語青年』の編集長に着任された星野さんのお声がけで始めることができたものですから、二重の意味でお世話になった形にな

ります。今回も本文のみならず、いろいろと助けていただきました（もちろん最終的な責任は著者にあります）。文章には厳しい目を光らせる星野さんですが、一方でとても寛大なところもあり、その手綱さばきにうまく乗せられた気分です。ありがとうございます。

阿部公彦

2010 年 3 月

著者紹介

阿部公彦（あべ・まさひこ）

1966年、横浜市生まれ。東京大学文学部准教授。現代英米詩専攻。東京大学大学院修士課程修了、ケンブリッジ大学大学院博士号取得。著書に『英詩のわかり方』（2007 研究社）、『モダンの近似値——スティーヴンズ・大江・アヴァンギャルド』（2001 松柏社）、『即興文学のつくり方』（2004 松柏社）、『スローモーション考』（2008 南雲堂）、共著に『21世紀文学の創造 声と身体の場所』（2002 岩波書店）、『20世紀英語文学辞典』（2005 研究社）、訳書に『フランク・オコナー短篇集』（2008 岩波文庫）、編訳書に『しみじみ読むイギリス・アイルランド文学』（2007 松柏社）など。

英語文章読本
えいごぶんしょうどくほん

2010年3月25日　初版発行
2022年2月15日　　2刷発行

KENKYUSHA
〈検印省略〉

著　者　阿部公彦
　　　　あべまさひこ

発行者　吉田尚志

発行所　株式会社 研究社
　　　　〒102-8152 東京都千代田区富士見 2-11-3
　　　　電話　営業 (03)3288-7777 ㈹　編集 (03)3288-7755 ㈹
　　　　振替　00150-9-26710
　　　　https://www.kenkyusha.co.jp/

印刷所　研究社印刷株式会社

装　丁　Malpu Design（清水良洋＋星野槙子）

本文デザイン　亀井昌彦（株式会社 シータス）

© Masahiko Abe, 2010
ISBN978-4-327-48156-8 C3098 Printed in Japan